宇宙人タマの「魔法の教室」

……あのね、だれだって
心の奥に「内なる小さな私」が
いるんだよ。

奥田珠紀 「魔法の教室」校長

風雲舎

（はじめに）
タマは宇宙人です

はじめまして。「タマちゃん」こと、奥田珠紀《おくだたまき》と申します。

みんながタマちゃんと呼ぶので、タマ、タマちゃんで通します。44歳。奈良県の山奥で暮らしています。家には、旦那さまと子どもが4人、動物がいます。

タマを知る人はみんな、タマを「宇宙人」と言います。

そう呼ばれるのは、（たぶん）タマにはちょっと人と違う感覚があって、多次元と呼ばれる不思議な世界についての記憶が残っているせいだろうと思います。タマは宇宙人なのかどうか確かめようはないのですが、これまでを振り返ってみると、自分でもそうかもしれないと思い当たることがいっぱいあります。母親のお腹に宿ったときからタマは常識外れだったそうです。子どものころは特に顕著で、いつも見えない世界をうろうろしていて、それでいて見える世界にもいるという、ちょっと不思議な感覚をもっていました。

その感覚は、本当はだれでももっていると思うのですが、みんな忘れてしまったようでなかなか思い出してくれません。みんなにその力を思い出してもらうのが、タマのお役目なのかもしれません。

大変だったのは、結婚して母親になったときでした。それまでは当たり前だった「思ったまま、感じたまま動く」という生き方ではなく、「母親はこうあるべきだ」「主婦はこうでないといけない」という世間体や常識を気にする生き方になったのです。それまでまったく考えたこともなかったことや、他人の目も気にするようになって、自分ではない「お母さんとしての自分」を生きることを覚えました。できる限り「世間並み」を心がけ、まわりの価値観に合わせることで、衝突の少ない、安全に生きる道を選ぶようになりました。

それはタマにとって、不自由で、窮屈な日常の繰り返しでしかありませんでした。自分らしくいられないのが、どれほど退屈で面白くないかを思い知らされた時期でした。そうした「お母さんである自分」を生きながらも、タマは手探りで本来のタマの生き方を思い出そうとしました。

たくさんのチャレンジをしましたが、うまくいきませんでした。肉体的にも精神的にも経済的にもどん底だったとき、ひょんなことからバリ島へ行きました。そこで、あるシャーマンにお会いすると、「どうしてそんな要らないエネルギーをまとっているの？あんたは本来、もっと天真爛漫なんだよ」と告げられました。タマはドキッとして、忘れていた大切なものを思い出したのです。

「自分で勝手に自分に制限を設けて生きてしまっているんだ。本当はもっと自由に心の声に従って生きてもいいんだ」

ということに気づいたのです。

それ以来、タマは、

「感じたことを大事にする」「現実なんていくらでも変えられる」と思って生きることにしました。常識を一度疑ってみる。世間体ではなく、自分はどう生きたいのかを優先しよう。そのために何ができるか？

もともと幼少期はそう思って生きてきたタマです。本来のタマの姿に戻ればいいのだと、子どものころのタマみたいに生きるようにしたら、何と心地いいこと。肩の荷がサーッと降りて、体も心もふわふわと軽くなって、そこから一気に上昇気流に乗りました。恐いものもなくなり、体当たりで自分が信じたことを実践しました。それがだんだん形になり、「魔法の教室」というセミナーを開くことで、タマはもっとタマらしく生きられるようになりました。そんなタマの話を聞いて、自分の夢を実現できたと喜んでくれる人も増えてきました。

タマはいま月に5日間だけ働き、あとは自由に好きなことをして、家族と一緒の楽しい時間を過ごしています。ほんの数年前までは生活保護を受けるほど貧しかったのに、今では経済的に困ることはなくなりました。他人《ひと》さまとのご縁に恵まれ、たくさんのチャンスを与えられ、タマの活動の場はどんどん広がっています。大きな夢にも着実に近づいています。公私ともに充実していて、幸せを感じている毎日です。

わずか2年半ほどで、普通では考えられないような劇的な変化をタマは経験しました。それを「奇跡」だと言う人もいると思いますが、タマはそうは思いません。タマだからできたのではなく、だれもがタマと同じように夢を叶えられるはずです。ちょっと見方を切り換えれば、楽しい世界が広がります。必要なものが手に入ります。考えられないような出来事がどんどん起こります。タマが始めた「魔法の教室」では、その考え方ややり方をお伝えするようになりました。

「人の目なんか気にしないで、やりたいことはやればいい！　それが自分を大切にすること。自分らしく生きること」

そうすれば宇宙が応援してくれて願いは叶います。導かれるように道が開けてきます。それを伝えたくて、これまでのタマの歩んできたヘンテコな道、その途中でタマが気づいたことについてご紹介させていただきたいと思います。タマがつかんだ「願いを叶える法則」もお伝えします。

初めての出版ということで少しドキドキしながら書いていますが、皆さまの心の近くに置いてもらえるものを生み出したいと思います。ぜひ、気持ちをオープンにして読んでいただければ幸せです。

２０１９年４月

柳生の里の満天の星の下で、タマこと奥田珠紀

カバー絵・本文挿絵・イラスト・写真……　著者
カバー装丁……………………………山口　真理子

宇宙人タマの「魔法の教室」……目次

（第1章）不思議な生き物タマ

タマは鞍馬寺で授かった赤ちゃん

タマはどうやら宇宙人の子どもらしいのです。授かったのは京都の鞍馬山。牛若丸が修行したところで、天狗さんが住んでいると言われている神秘的な場所。鞍馬駅を降りてすぐの仁王門を入ると、ピーンと張りつめた山の気に包まれているパワースポット。山門を一歩入ると、神さまの世界です。

話は44年前にさかのぼります。タマが生まれる前のお話です。若かりしころのタマの母親は長い間、子宝に恵まれないことに悩み、鞍馬山にある鞍馬寺に願掛けに行きました。仁王像ににらまれながら山門をくぐり、全長200メートルほどのケーブルカーに乗って「多宝塔《たほうとう》駅」で降りました。緩い坂道がだらだら続きます。そこを歩き切ると次は長い階段。その先には目指す本殿があります。本殿の前で両手を大きく広げて空を仰ぎ、願い事を叫ぶと叶う、と言われています。

「あらん限りの大声で叫んでやろう。これで子どもが授かる」

期待に胸を膨らませ、母は額に汗をにじませて本殿にたどり着きました。

ところが、着いてみると「あれっ」と気勢をそがれました。本殿前には参拝者がたくさんいるのですが、大声を出して叫んでいるような人は一人もいません。みなさん、静かに手を合わせているだけ。

「ここでは、とても叫べない」

母は気後れしてしまいました。

さてどうしましょうか。母は迷いました。このまま手を合わせただけで帰るわけにはいきません。それでは神さまに思いが届かない。何が何でも叫ぶ。ここで妥協することはできませんでした。

あれこれ考えた末、場所を変えることにしました。人のいないところへ行こう。そこで叫べばいい。鞍馬寺の敷地内ならご利益は変わらないだろう。勝手にそう決めて、本殿わきの細い山道に入りました。

導かれるように山道を降りて行くと、目の前に、杉の木に囲まれるようにして古い祠《ほこら》がありました。清々しい空気、だれもいません。叫ぶには絶好の場所です。

「神さま！　私に赤ちゃんを授けてください……！」

空に向かって両手を大きく広げて、大声で叫びました。

タマが母のお腹に宿ったのは、そのすぐ後でした。

それが１月のこと。１９７４（昭和49）年、寅年《とらどし》です。

そこからまた大変でした。

産院で診察してもらうと、「出産予定は10月の中ごろですよ」と言われ、両親はその日を心待ちにし、親戚一同で大騒ぎして、秋用のベビー服、布団など一式を買いそろえて待っていました。ところが、予定日を過ぎてもタマは出てきません。母は心配になって、3カ所の産院で診てもらいましたが、どこでも「10月半ばの予定です」という診断。待つしかありません。11月になっても生まれません。12月になるのにまだタマはお腹の中。やっとのこと、12月17日にタマは誕生したのです。本来なら10月10日で産まれてくるはずの赤ちゃんが、まるまる12カ月、胎内にいたのです。

待ちに待ったというか、待ちくたびれたころになってようやく出てきました。母は、思いっきりがんばってタマをこの世に産み出してくれました。

赤ん坊のタマを抱っこして、母はびっくりしました。

「すべてを見透かしているような目で、あまりにも怖くて目をそらせた」そうです。

それに、タマの頭にはたくさんのつむじが渦を巻いていました。

1月に母のお腹に宿り、12月に誕生しました。つまり、寅年のまるまる1年を母の胎内で過ごしたわけです。

「タマの命はまるまる寅年やなぁ」

と親戚からもよく言われました。

奥の院で母が叫んで授かったタマ

そんなふうに生まれたタマですが、どうして宇宙人の子どもかもしれないと思うのかをお話しします。

まずひとつは、母が叫んだ場所です。

古い祠のあった場所は、実は鞍馬寺の奥の院魔王殿だったのです。

奥の院魔王殿とは？

神さまは本殿にいるのではなく、奥の院におられる……タマはそう思っています。会社で言えば、本殿は受付のようなところで、社長は奥のほうにある社長室にいるわけです。神さまは社長みたいな人ですから、奥にいるのではないでしょうか。母は、受付ではなく、直接、社長室を訪ねたようなものです。

そして、その神さまというのは……？

鞍馬山についていろいろ調べました。面白いことがいっぱいわかりました。

鞍馬寺には、毘沙門天、千手観音、護法魔王尊《ごほうまおうそん》が三位一体の「尊天《そんてん》」として祀《まつ》られているのだそうです。尊天とは、人間をはじめこの世に存在するすべてを生み出した宇宙生命・宇宙エネルギーのこと。何となく、すごいという感じでしょう？

毘沙門天や千手観音なら、タマも聞いたことがあります。でも、護法魔王尊……聞いたことがありません。魔王というから、人間を苦しめる悪い神さまのような気がしますが、タマにはそうは思えませんでした。名前を聞いただけで、心に温かいエネルギーが広がる気がするのです。調べてみると、悪い神さまだなんてとんでもないとわかりました。あらゆる魔を降伏させる力があり、650万年も前に、人類を救済するために金星からやってきた正義の味方だったのです。やった！　金星からよ。宇宙人です。魔王さまのパワーは絶大。マイナスのエネルギーを断ち切り、自分が自分らしく生きる道を示してくれる魔王さまなのです。母が「赤ちゃんを授けてください！」と叫んだ鞍馬寺の奥の院魔王殿。ここはなんと護法魔王尊が降り立った場所だったのです。

検索してみると、岩井國臣さんという方の「サナート・クラマ」という記事がありました。これがすごい。護法魔王尊は「サナート・クラマ」と呼ばれる金星からやってきた宇宙人だったようです。

「サナート・クラマは、今から650万年前、はるか宇宙のかなたの金星から、白熱の炎に包まれ天地を揺るがす轟音とともに、地球に降臨された。

その聖なる地点が、鞍馬山奥の院魔王殿のあるところであった。

サナート・クラマは、世界性を包含した宇宙神であり、様々な姿をとる。毘沙門天もそうだが、白髪の僧形をとるときもあれば、愛らしい童形で現出することもある。極めて日本的な姿としては「天狗」もそうだ。義経が牛若丸といった頃、鞍馬寺でこの天狗から変幻ＡＬ自在の兵法を教え込まれたが、この天狗も、実は、サナート・クラマが姿を変えて出現したのであった。こうした伝承への興味は尽きない。だが、鞍馬寺の初代貫首・信楽香雲の著した「鞍馬山歳時記」によれば、さらに驚くべきことがある。

サナート・クラマは、もともと地下の魔界の支配者であるが、その魔界への通路は、地球上では北欧、ヒマラヤ、南米そして日本の４カ所しかなく、日本のそれがこの鞍馬というのである。そして、サナート・クラマの究極の使命は、遠い将来、地球に破局が訪れたとき、人類を誘導して水星に移住させることにある。

私の解釈としては、その魔界への通路とはいわゆるタイムトンネルのようなものであり、サナート・クラマはその４次元の世界を使って我々人類を水星に誘導するのではなかろうか。

鞍馬寺は奥の院魔王殿、その付近はいつも不思議な霊気が漂っている。昼なお暗い杉木立の中、むき出しに累々とした奇岩は、２億５千年前に海底から隆起した水成岩である。

時空を超えて地球にやってきたサナート・クラマの舞台にふさわしい。ヒマラヤ山中でおこなわれている満月祭と同じ祭りが鞍馬で行われているのは、全く不思議だ。（岩井國臣 www.kuniomi.gr.jp/togen/iwai/makai.html）」

もちろん、母はそんなことは知りませんでした。たまたまいい場所だと思って叫んだのが、宇宙と直につながっている場所でした。母の叫び声が魔王さまに聞こえ、母の願いを叶えてくれたのかもしれません。そうなら、タマは地球を救いに金星からやって来た正義の魔王さまが送り込んだ子どもということになります。なんてすてきなのでしょう。

もうひとつ、面白いことがあります。

タマは、まるまる寅年の1年間を母の胎内で過ごしました。寅と関係がありそうです。そして、鞍馬寺も寅とはすごく深い関係があることがわかりました。普通、神社やお寺の守り神は狛犬《こまいぬ》ですが、鞍馬寺は2頭の寅、「阿吽《あうん》の寅《とら》」が守り神なのです。タマと鞍馬寺は寅つながりでもあるのです。

「タマは鞍馬寺が授けた赤ちゃんですよ」と言われている気がします。

ちょっと不思議な命の始まりでした。両親も親戚もとても喜んでくれましたが、まわりを困惑させたスタートでもあったのです。

「宇宙のお母さん」との対話

タマは奇妙な子でした。

鞍馬山で命をもらったタマは、奈良県の生駒市で生まれ育ちました。奈良県の西の端っこで、隣は大阪府です。タマが子どものころは自然がとても豊かな田舎町で、小高い丘の上にあった家から、田んぼがずっと遠くまで広がっているのがよく見えました。

幼稚園のころです。タマはよく家の２階のベランダから柵をくぐり抜けて屋根の上で過ごしていました。屋根の上に立つと、はるか下に田んぼが見えます。すぐ目の前には青い空が広がり、そこにはいろいろな形をした雲が浮かんでいて、何だか夢の世界です。心地よい風がふんわり全身を包んでくれます。しばらく空や雲や風のやさしさを感じてから、屋根の上に腰かけます。目を閉じると、その瞬間タマは宇宙とつながります。この世ではない、もうひとつの世界に瞬間移動します。すーっと光に溶け込んでいくような感覚です。

意識で雲の上まで簡単に行けます。そこにはたくさんの小さな光の粒子がぴょんぴょんと飛び回っていました。これから生まれてくる魂たちで、タマにとっては兄弟のような存在です。

　雲よりもっと上に意識を向けると、そこには大きなエネルギーがありました。タマはそのエネルギー体を「宇宙のお母さん」と呼びました。目には見えません。でも確かにそこにいると感じられる存在でした。温かくて優しくて、タマのことを大事にしてくれるエネルギーでした。

　宇宙のお母さんはインスピレーションでタマにいろいろなことを教えてくれました。

「何でも聞きなさい」

　宇宙のお母さんがタマを抱きしめてくれます。タマは宇宙のお母さんに現実世界のことを相談しました。タマには、「なぜ、どうして？」と理解できないことがたくさんありました。

「大人ってどうして集まると不満や愚痴を言い合うの？」

「謝ればいいのに、意地を張ってけんかになって、バカみたい。そうじゃない？」

　わからないことを次々に質問しました。言葉に出さなくても、タマが伝えたいことは色や形になって宇宙に送られます。宇宙のお母さんはそれを受け取ると、光のエネルギーに包んで、色や形を変えて送り返してくれました。タマの頭に、「あっ、そうなんだ」と納得できる答えが浮かびます。宇宙のお母さんとお話しする時間がタマには楽しくてたまりませんでした。

宇宙のお母さんが「気の塊」の作り方を教えてくれたことがありました。

両手を広げて宇宙のエネルギーを取り入れて、静かに息を吐きながら、手のひらに意識を向け、両手を合わせます。すると、手のひらからエネルギーが出ているような温かな感じがします。少しずつ隙間を開け、お団子やおむすびを作るように、そのエネルギーを丸めます。手のひらの間に空気の圧を感じます。エネルギーの塊です。ゆっくり、ていねいに、そのエネルギーを練っていると、まるでゴムボールを手にもっているように感じます。

上手にできると、宇宙のお母さんはほめてくれました。それが、うれしくてキャッキャ笑っていると、「このエネルギーの塊を体の弱っている人に入れてあげなさい」と宇宙のお母さんは教えてくれました。

「お母さん、見て！」

気の塊を壊さないように大切にもって1階へ降り、台所仕事をしていたお母さんに見せました。お母さんの肩が凝っていればこの気の塊を入れてあげよう……とタマは母に塊のことを話しました。でも、母は首を傾げるばかり。

きっと、こういうことは地球の人にはわからないのかな。タマは少し悲しくなりました。地球では、目に見えないものは大事にされないようです。愚痴や不満ばかりを言ったり、つまらないけんかをしていると、どんどん大事なことから遠ざかっていく……とタマは思っていました。でもみんな、そんなことも知らないようです。

「目に見えないものがとっても大事だということを伝えるのも、タマの役割ですよ」

宇宙のお母さんの声が聞こえたような気がしました。

精霊や動物たちとのおしゃべり

庭の精霊たちともよくおしゃべりしました。タマには光の塊のように見えました。顔があるわけでもないのに表情が感じられます。最初3〜4人ほどの精霊と遊んでいたのですが、だんだん輪が広がっていきました。色や形はさまざま。薄いピンクや黄色の精霊もいれば、角ばった形で、ちょっと暗い色をした精霊もいました。どの子も敏感で恥ずかしがり屋。タマが呼ばないと顔を出しません。だれかが来るとさっと姿を消すのです。

動物たちともインスピレーションでおしゃべりしました。タマの頭にポーンと言葉が飛び込んでくるのです。

タマのところへ初めて来てくれたのは2羽の手乗りインコでした。タンタンとトントンという名前を付けました。この２羽はとても無口でした。おしゃべりだったのは、そのあとで飼ったピッチィという黄色い手乗りインコです。

「タマと一緒にいたい」

それが口ぐせです。

「買い物に行くからちょっと待ってね」

いつも、どこへ行くか断ってから出かけなければいけません。置いてきぼりにしようものなら「どうして連れて行かなかった」と文句を言うのです。

ある日、友だちのところへ自転車で出かける約束でした。ピッチィを連れて行くわけにはいきません。そのことを伝えると、

「行きたい。行きたい。連れて行って！」

羽根をバタバタさせて、いつもよりもうるさく鳴きわめきます。

こうなると収拾がつきません。連れて行くしかない。タマはあきらめました。しかし、どこかへ飛んでいっては困ります。

「絶対に逃げちゃダメだよ。約束だよ」

ピッチィの目を見て強く言いました。

自転車をこぐタマの肩にピッチィはしがみついていました。揺れたり風が当たったり

して、肩の上でじっとしているのは大変だったと思いますが、ピッチィはきちんと約束を守りました。

こんなこともありました。友だちと遊んでいると、「助けて」という声が聞こえてきます。山のほうです。迷子になった野犬の赤ちゃんからのＳＯＳのようです。

声と一緒にタマの頭に飛び込んできたのは、子犬の目から見えていると思われる景色でした。それが写真のように送られてきます。

タマはぶるっと震えました。急に寒くなってきたのです。

「子犬が寒がっている」

感覚も伝わってきます。

「子犬がおびえている」

不安がタマの心の中で膨らんできました。

「待っててね」

そうインスピレーションで伝えて、頭に浮かんだ景色を頼りに、タマはすぐに迎えに行き抱っこして家に連れて帰りました。そんなことが何度もありました。ケガをして動けなくなった子も家に連れて帰るのです。次々に動物たちを連れてくるので、母はずいぶん困ったようです。でも、動物たちのＳＯＳを無視できません。何よりタマは、人間と話すより動物たちとおしゃべりをしているほうがずっと楽しかったのです。

タマにとって、精霊や動物とおしゃべりするのは当たり前。でも、精霊なんて迷信だ、動物と会話できるはずがない……そんなふうに思っている人がほとんどで、そんな思い込みで、みんなどんどんつまらなくしている。タマは子ども心に「なんでわかってくれないのだろう」と悲しくなることがありました。そんな悩みも、宇宙のお母さんにぶつけました。

物とも話ができる

いろんな「物」とも会話をしていました。「どうして物と話ができるの？」とよく尋ねられましたが、その人たちには、精霊や動物たちと話すより、もっと異様に感じられたようです。

でもね、物にだって心もあるし、性格もあって、いろいろなことを話したり訴えてきます。荒っぽく扱われると嫌な気分になるし、大事にしてもらえればうれしがります。人間と同じ。だから、タマは物を大切に扱います。

こんなことがありました。

メガネをなくしたと、母があちこち探していました。

「メガネに聞いたらいいのに」

タマにとっては当たり前のことなので、こんな言葉がふっと口から出ました。母はいつものように不思議そうな顔です。メガネがお話しするなんて、母には想像できないのです。タマには、話せないほうが不思議です。

「お母さんのメガネさん、どこにいるのか教えてください」

母のメガネをイメージして、タマはメガネさんに話しかけました。方法は、精霊や動物と同じ。タマが思ったことが相手に伝わるのです。難しいことではありません。人間と話すほうがずっと難しい。

しばらくするとタマの頭にビジョンが映ります。それが返事です。初めはシルエット、やがてモノクロの画像になります。

「あ、メガネさんがいた」

つるの部分が少し開いて、斜めになって置かれていました。

「どこにいるの？」

もう一度、聞きました。鏡があって、タオルがあって、歯ブラシや歯磨き粉なんかがあって、

「あ、洗面所だ」

母にすぐに伝えました。

母は半信半疑でしたが、数分後、洗面所から「あった！」と大きな声が聞こえてきました。

こんなことが続くと、親はとても心配します。他人と違うと、不安になるようなのです。

「ほかの人が見えないものは、見えない。ほかの人が聞こえないものは、聞こえない。そうしないとダメよ」

小学校へ入学する前、よく母から注意を受けました。

「ふーん、そうなんだ」

どうしてそうしないといけないのかわかりません。しかし、母を困らせたくはありません。タマは母の言ったことをちゃんと守ろうと決めて小学校へ通い始めました。

ピアノの音が色で感じられる

しかし、自分には見えているのにほかの人には見えない……どうやってチェックすればいいのでしょう？　自分に見えているものは他人にも見えている、と思ってしまうのが自然です。

まず気になったのは、みんなが胸につけている名札です。黒の油性ペンで書かれた名前を見ていると、黒い文字からいろいろな色が出てくるのです。赤、黄色、緑……とてもきれいなので、タマはそのことを友だちに話しました。

「○○ちゃん、今日の名前の色は黄色と赤ですごくきれいね」

友だちは「これは黒だよ」と不思議そうな顔をしています。「あれ、黄色や赤の色が見えないのかな」と、そこで初めて「このことをお母さんは言ってたんだ」と気づくのです。

音楽の時間に先生がピアノを弾くと、いろいろな模様や色が教室中を飛び回ります。カラフルな模様で教室がいっぱいになりました。ドキドキします。ワクワクします。何て楽しいんでしょう。

入学したばかりの春には、ピンクや黄色、緑といった柔らかな色の楕円形の模様や、5センチほどの線が何本も教室中に漂っていました。校歌を歌うときは、深いグリーンや紺色の棒が塊になって床をはうように流れました。夢のような光景にすっかり見とれていると、

「どこを見ているの！」

突然、先生からお叱りの言葉が飛んできました。

「だって……こんなに……きれいなのに」

つり上がった先生の目の意味がタマにはわかりませんでした。

「ほかの人には見えていないんだ」

やっとわかりました。

家から学校までは普通に歩けば40分ほど。まわりは田んぼや畑で、細いあぜ道を歩いて行くのですが、タマは40分で学校へ着いたことがありません。

歩くたびに足もとから小さな白い光がはじけ飛びます。風が吹くと、水色や黄緑のやさしい光の輪が熱帯魚のように空中を泳ぎます。そんな世界がまわりに広がっているのです。タマの目はそんな光景に釘付けになって足が前へ出ません。

ぼーっと夢見心地になっていると、遠くで鳴る学校のチャイムの音にはっと我を取り戻しました。大変、間に合わない！　あわてて歩き始めるのですが、また遅刻です。いつも小言を言われました。

「きれいな光なのに、みんなには見えてないんだ……」

だんだん常識を知ることになりました。

共感覚

ずっとあとから知ったことですが、タマのように文字や音に色を感じたり、形に味を感じたりすることを「共感覚」と呼ぶそうです。共感覚が鋭い人は、音を色や形、におい、味で感じることができます。特殊な能力のように思われますが、赤ちゃんのころにはだれもがこの感覚をもっています。年齢を加え成長して五感が発達するにつれて、共感覚が鈍くなってしまうのでしょう。電車の中で、よく赤ちゃんが何もないはずの空間を見てニコニコしていることがあります。小学生のころのタマのように、この感覚で色とりどりの光が見えたり、精霊とお話ししているのだろうとタマは思うのです。

まだありますね。たとえば、

「黄色い声」

声は耳で聴くものなのに、どうして黄色いのでしょうか。

「真っ赤な嘘」

嘘に色などないはずなのに、どうして赤なのでしょう。

ほかにも、「運命の赤い糸」「赤の他人」「青臭い」「青色吐息」「青ざめる」など、日本語には色を使った表現がたくさんありますね。共感覚のことだと思います。だれもが幼いころには感じたことがあるのではないでしょうか。

「どうしてタマちゃんは動物たちと話ができるの？」

よく、そんな質問をされます。

「どうしてできないの？　いつ動物たちと話ができないと決めたの？」

信じたことが現実になります。自分で「見えない」と決めれば見えないし、「聞こえない」と決めれば聞こえません。小さいころ、タマのように精霊と話をしていた人はたくさんいると思います。でも成長すると、他人に見えないものは見えないことにしようと決めてしまうから、いつの間にか精霊が見えなくなり、「そんなのいるはずがない」と決めつけてしまいます。

そうやって、人はもともともっているすばらしい能力にふたをしてしまいます。だれもが、本当は自分が思っているよりもはるかに大きな力をもっていると思います。なのに「こんなもんだ」「できるはずがない」とふたをして、そう思い込んでしまうと、それ以上前へ進めませんから、願いも夢も叶うはずがありません。

自分の力を信じて、もっとはじける。信じて、はじければ、「えっ、ホント！」とびっくりするようなことが次々と起こってきます。願いも夢も叶います。タマはそのことを伝えたいのです。

友だちと不思議な世界を共有

小学生のころの面白い体験です。その体験から、ちょっとしたきっかけがあればだれだって赤ちゃんのときの能力を取り戻すことができるとわかりました。友だちと一緒に遊んでいると、迷子になったワンちゃんからSOSがありました。

「タマちゃん、どうしたの？」

急に静かになって耳をすませているタマに友だちが声をかけてきました。

「迷子のワンちゃんが助けてほしいって言っているの」

頭の中にワンちゃんが困っている光景が浮かんでいる話をしました。

「ホントに。そんなことあるの？」

疑いの目で見ます。でも、あまりにタマが真剣なので、友だちもタマの真似をして目をつむり、意識を迷子のワンちゃんに集中しました。

「畑を耕した柔らかい土が見える」

タマが自分の頭に浮かんだビジョンを話すと、「あれっ」と友だちが不思議そうな顔をします。

「私にも何か見える。畑の近くに電信柱があるね」

自分が感じたことを話してくれました。

「あ！」

同時に叫びました。心当たりのある場所が浮かびました。

「あそこに違いない」

二人で息を切らせて駆けつけました。耕した畑がある、電信柱が立っている場所です。

きょろきょろ見回しました。

「いた！」

また二人同時に叫びました。かわいい赤ちゃん犬が土の上にうずくまっていました。

「よかったね」

代わりばんこに抱っこして家へ連れて帰りました。

こんなこともありました。

みんなで「秘密基地」と名付けた山のふもとにある広場でのことです。８人で遊んでいました。タマは何かに呼ばれたように感じて、ふと山を見上げると、山の上のほうにすてきな洋館がありました。

「お城がある！」

タマが叫ぶとみんなが振り向き、タマが指差す方向に目を向けました。

白くて大きなお城。屋根は緩やかでちょっと色あせたグリーン。壁にはツタがたくさん張り付いていて、まるでおとぎの国の建物のようでした。８人全員がその洋館を仰ぎ見て、美しさにため息をつきました。

「あそこへ行こう！」

だれかが言い出しました。みんな同じ気持ちでした。あんなすてきなお城、見たことがありません。引き寄せられるように必死で崖を登りました。しかし、とても急な崖だったので、結局、お城にたどり着くことはできませんでした。

「明日は絶対に行くよ。どうやったら行けるか、家で聞いてこようよ」

そう言い合って、その日はサヨナラしました。

タマは母に洋館のことを話し、どう行けばいいのか聞きました。母は「また変なことを言いだした」とあきれていました。

タマの家だけではありません。どの家の、どの親も、「そんな場所に建物なんてない。まして洋館なんてこのあたりにはないよ」という返事だったのです。

でも、タマたちは間違いなく山の上の大きな城を見ています。全員が見ているので錯覚ではありません。そんなものはないと言われても納得できません。

「確かめに行こう」

翌日、みんなで再び秘密基地に集まりました。すると、どういうこと？　山の上には何もありません。昨日は間違いなくすてきなお城があったのに。

「どうしてだろう？」

タマは不思議でたまりませんでした。

でも、何となくタマにはその理由がわかったのです。あのお城は、過去かもしれないし、あの世かもしれないし、神さまのお家かもしれないし、現実世界とは違う次元にあったのではないでしょうか。そして、その扉が何かの拍子に開いて、タマたちの前に姿を現わしたのかもしれません。

きっとタマのせいで、友だちは赤ちゃんのころの力を取り戻し、みんなの力が合わさったことで、あのとき、その扉が開いた……そうに違いありません。

洋館へは行けませんでしたが、友だちと一緒に別の世界を見たことは、うれしくてたまりませんでした。それまで、タマが見ていた不思議な世界のことはだれも信じてくれませんでしたから。その日を境に、友だちはタマが時々口にする見えない世界のことに耳を傾けてくれるようになりました。庭の精霊に会いに来てくれた子もいます。

「どうやったら会えるの？」

その子は精霊のことを信じ、本気で会いたがっていました。

「椅子に座って、目を閉じて、感じてみて」

その子は、タマの言うとおりにしました。

庭のどこあたりにどんな光を感じる？　どれくらいの大きさ？　どんな動きをしている？　精霊の温もりを感じる？

あれこれ精霊を感じる方法を伝えました。彼女は、意識を集中して精霊を感じようとしていました。最初は戸惑っていましたが、あるところで、パッと笑顔に変わりました。

彼女はしばらくニコニコしながら目をつむっていました。きっと、精霊と楽しいお話をしていたのでしょう。

時空の扉の向こうにあった一軒家

もうひとつ不思議なことを覚えています。

小学生のころ、そろばんと書道を習うために、昼でも暗いような寂しい山道を歩いて教室まで通っていました。途中の道路わきの崖下に一軒家がありました。いつもは気にかけることもなく通り過ぎていたのですが、その日はなぜか気になって仕方ありません。

木の間からその家の庭をのぞき込みました。

縁側に大きな鳥かごがあり、小鳥がたくさん入っていました。おじいさんが餌をやっ

ていました。鳥が大好きなタマは見るだけではがまんできなくなり、

「鳥を見せてもらっていいですか？」

おじいさんのところに駆け寄りました。

おじいさんは笑顔でタマを迎えてくれました。おばあさんも出てきて、お菓子とお茶を出してくれました。やさしいおじいさんとおばあさん。いきなり訪ねてきたタマを温かく迎えてくれました。タマは、すっかりこの家が気に入って、習いごとの帰りには必ず寄り、小鳥に会って、おじいさん、おばあさんとお話をしていました。

ところが冬休みに入って、習いごとよりも友だちと遊ぶほうが忙しくなってしまい、そろばんと習字をずる休みすることが多くなりました。小鳥の家から足が遠のいてしまいました。

新しい年になりました。

「○○さんというおばあさん、知ってる？」

友だちと遊んで家へ帰ると、母が聞いてきました。あの一軒家のおばあさんのことです。

「そのおばあさんがタマに渡してと、お年玉をもってきてくれたよ」

「どこの人？」という母の問いに、「崖の下の……」と説明したのですが、「そんな人は

知らない」と母は首を傾げています。

説明するのが面倒になったタマは、母をあの家へ連れて行きました。そこで見たのは……嘘みたいですが本当の話です。だれも住んでいない廃屋だったのです。

タマは時空の扉を開けて、向こうの世界でおじいさんやおばあさん、小鳥たちと時を過ごし、またこっちの世界へ帰ってきたのでしょうか。でもどうしてお年玉？　お年玉は、タマがそこへ行った証拠として残してくれたのかもしれません。子ども心にこのとき、タマは時空の扉があることを確信しました。とてもかわいがってくれたおじいさんとおばあさん、あの小鳥たち。あのことを想うと、今でも胸が熱くなります。


時空の扉は何かのきっかけで開くことがあります。

扉が開くと、違う時代の、違う土地に、意識と肉体が運ばれることがあります。タイムスリップというのでしょう。東日本大震災のあとの被災地で、江戸時代の農民のかっこうをした人を見たという目撃談がたくさんあったそうです。あの巨大な地震と津波で扉が開いたのでしょうか。

また、お仏壇にお供えしていた花がなくなっていたという話もよく聞きます。ご先祖さまがもっていったのだと冗談で話したりしていますが、本当にそうかもしれません。

その後もタマは、ときどき時空の扉を発見することがありました。20代のころ、奈良県桜井市にある三輪神社に友だちとお参りし参拝の列に並んでいると、すぐそばの大木の根元に真っ白な色をした扉のようなものを見つけました。

「何だろう?」

タマの意識はその扉にどんどん集中していきました。じっと見ているうちに、タマはそこにすーっと引きこまれ、その先の記憶がまったくありません。

タマを呼ぶ声で我にかえりました。自分がどこにいるのかもわからず、声のほうに駆けていきました。

「列に並んでいたら、急にタマがいなくなった」

友だちは震えながら泣いていました。

「あわてて探したら、タマが木の根っこからふわっと現われたの。でも上半身しか見えなくて、こちらへ歩いてくるうちに下半身が見えてきた」

どうやらタマは違う世界に行っていたようです。あの世界がどんなところで、どうだったのか、タマは何をしていたのか、今でも記憶にありません。

「お嬢タマ」から「貧乏タマ」へ

小学校5年生のとき、タマの身に一大事が起こりました。父が経営していた小さな会社が倒産したのです。家も土地も手放し、引っ越しをしなければならなくなりました。大好きな家、豊かな自然、馴染みの友だちとも離れることになりました。育ててくれたおじいちゃん、おばあちゃんともお別れです。

社長の娘だった「お嬢タマ」から「貧乏タマ」へ。広いお庭のある家から町のど真ん中にあるマンションへ。いきなりの次元移動です。

転校には不安があったけれども、「ひょっとしたら人気者になれるかも」という期待がありました。アニメやドラマでは、転校生がアイドルのようにもてはやされる場面がよくあります。でも、タマの現実は厳しかった。アイドルどころか、だれも口をきいてくれないのです。妹も同じ目にあっていました。引っ越したマンションには、わけありの人ばかりが住んでいたようで、

「あのマンションに住んでいる子どもとは話をしてはダメって、みんな親から言われているねんて」

妹がそんな情報を仕入れてきました。私たちは差別の対象になっていました。そんな

ことが自分の人生で起こるなんて……。

夏休みになっても、タマたちを遊びに誘ってくれる子は一人もいません。妹はすっかり落ち込んでいました。何とかしないといけません。アイディアがふっと浮かびました。夏休みと言えば、あの軽快な音楽のラジオ体操です。

「明日の朝から、公園にラジオをもっていって体操するよ」

妹に声をかけました。

「そんな恥ずかしいわ。やめようよ」

妹は半泣きで尻込みしました。しかし、このままではずっと落ち込んでいないといけません。強引に決行です。

これが大正解でした。二人でラジオ体操をしていると、「懐かしいなぁ。私も参加させて」と、お年寄りが一人参加。そこから参加者が日に日に増えました。いつの間にか老若男女10人ほどになって、嫌がっていた妹も楽しくなってきたようでした。

無視されても、自分らしくいることをやめてしまったらもうおしまいです。どんな状況でもできることはあるはずです。それを探して、見つけたら行動する。そうするとラジオ体操のときのように、仲間ができます。

「何があっても自分らしくいる」

「どんな状況でもできることはあるから、それを見つけてやる」

小学生タマの大きな教訓になりました。今でも、そう思っています。

だれもが「良いこと」「悪いこと」を体験しながら大人になり、年を取っていきます。光と影、陰と陽です。たぶんこれらは全部必要なことで、光と影があるからこそ、美しいコントラストができます。だから、それぞれのすてきな人生模様が作られるのだと思います。

特訓で高校の美術科に合格

タマは幼少期から小学生のころ、さまざまな体験をさせられました。普通の子のように生きられたらいいのにと思ったこともありましたが、中学生、高校生になっても、いえ、大人になっても、いろんな体験はずっと続きました。

「どうしてだろう?」

宇宙のお母さんに、そのわけを聞いたことがあります。「それでいいんだよ」というご返事だったのですが、どうやらタマは、人の何十倍、何百倍もの体験をするためにこの世に生まれてきたみたいなのです。

タマは、金星から地球を救いに来た魔王さまの影響を受けて、この世に生まれてきたのかもしれません。そういう意味では「宇宙人」ですから、地球のルールがあまりわかっていないのは当たり前です。タマが地球のために役に立つことができるなら、まずは地球人のルール、喜び、苦しみ、何でも知らないといけません。山あり谷ありの人生、すべてタマが地球の役に立つために体験しないといけないことだと、自分を納得させています。

中学生以来の疑問は、なんでこんなに勉強が大切なのか、ということでした。勉強する意味や必要性がまったく理解できませんでした。今でもよくわかりません。

中3のころ、クラスに大好きな男の子がいました。タマは絶対彼と同じ高校に行くと決め、彼の志望校を調べて、「タマもその高校を受験する」と担任の先生に伝えました。

先生は深いため息をついてこう言いました。

「タマ、あそこは男子校や」

頭が真っ白になりました。こんなにも大好きなのに……。

さらに先生はこう言いました。

「タマ、たとえタマが男子だとしても、タマの成績ではとてもこの高校は無理や」

えっ、どういうこと？　タマは受験がどういうものなのか理解していなくて、偏差値というもので受験できる高校が決まるなんて知りませんでした。「へ、偏差値って何？」

というレベルだったのです。

先生はていねいに説明してくれました。このとき、タマが受験できる高校なんてどこにもないことを初めて知りました。知らなければ不安も悩みもなくてよかったのに、知ってしまうと、「どうしよう」「私はどうなるの」とオロオロしてしまいました。

あわてても仕方ありません。

「できることをやる!」

タマのモットーです。受験が差し迫った中、勉強のやり方すら知らないタマに何ができるのか? 勉強ばかりではなく運動もからっきし。歌を歌わせたら、まわりが迷惑するほど音程を外す……そんなタマにできるのは?

どんな人にも探せばひとつくらいは長所があるものです。タマの場合は、絵が描けます。「1」ばかり並ぶ通知表。「赤点王」のタマの中で、燦然《さんぜん》と輝く「5」。美術です。もうこれで勝負するしかありません。

「ほかの科目はがんばらなくていいから、絵一本で受験しろ!」

先生は、お前にはこれしかない! と迫力ある目でタマを見つめてアドバイスしてくれました。受験まで残り数日。絵の猛特訓が始まりました。美術科の受験は、500点満点中、学科が300点、実技が200点という配分。トータルで200点以上をとらないと合格できません。タマの場合、学科はまったく期待できません。試験が終わったあとの感触は、せいぜい10点くらい。実技で満点をとらないと合格できません。

実技の課題は、野菜や果物の絵を描くこと。受験生たちは、野菜、果物が盛られたお皿を囲んで、決められた席に座りました。

「さてさてどんなふうに描こうか」

皿に盛られた野菜、果物をじっくりと見ました。

「え……！」

唖然！　ニンジンの先っぽがタマのほうをまっすぐ向いています。横からニンジンを描くのは簡単です。でも、先っぽからって、どう描けばいいの？　だいたい、そんな角度から描くなんて、特訓でもありませんでした。

でも、どうしようもありません。

「どうにでもなれ！　全力投球じゃ！」

覚悟を決めました。どうやって描いたかまったく記憶がありません。出来栄えが良かったか悪かったかもわかりません。ただ、「やった！」という満足感はありました。あれほど真剣に絵を描いたのは生まれて初めてでした。

合格発表の日、受験票を片手に番号を探しました。母もひと足先に来ていました。

「あった!」

合格。母は身を震わせていました。もちろんタマも飛び上がっていました。

ああ、あの高校受験。先生も親も、タマを精いっぱい応援してくれました。でもそれだけではありません。何か目に見えない力がタマを支えてくれていたような気もします。それにしても先っぽから見たニンジンを描いたのは、後にも先にもあのときだけです。あれは、神さまのいたずら? あるいは「思い込みを捨てて、いろいろな角度から物事を見なさい」というメッセージだったかもしれません。

「タマの好きなように生きなさい」

こんなふうに過ごしてきたタマです。

タマは常識の枠にとらわれず、素直にやりたいことをやって生きていました。意識してそうしたわけではなく、当たり前に、好きなこと、面白いことに夢中になってきました。幼児のまま中学生になり高校生になったような気がします。精霊や動物、物と話せる力も、小学生のころほど頻繁には使いませんでしたが、大事なときにいろいろ教えてもらうという意味では、ぜんぜん衰えていません。

とにかく変な子でした。まさに宇宙人。でもタマみたいなタイプの人間は、普通に暮らそうとするととても苦労します。

高校を出たタマは、まっとうな就職もせず、喫茶店でアルバイトをしてはすぐにやめ、そのあとタイルの会社で事務員をし、アパレル関係の会社で販売の仕事をし、介護の仕事もしました。タマが一番満足できたのは介護の仕事でした。

高校を出てすぐ、仕事よりなによりタマが熱中したのは夜のクラブハウスで踊ることでした。週末になると、大阪ミナミの小さなクラブハウスに通ってひと晩中踊りまくっていました。骨にまで響くような重低音。人、人、人のすさまじい密着度。様々なにおい。五感がぐちゃぐちゃになるような空間。あの刺激は癖になります。何もかも忘れて、タマは踊り狂っていました。ここがタマの居場所だと。

そんなタマのまわりに、なぜか人が集まってきました。タマのそばにいると、緊張がとけてほっとすると。女の子も男の子も、というより男の子がいっぱい。タマはたくさんの彼氏とお付き合いしました。「オネエ」の友だちもいました。

24歳で結婚。タマも人並みの生活になるのかなと思っていました。ところが、これがとんでもない勘違い。付き合っていたときは、やさしくて、タマを幸せにしてくれる人と信じていたのですが、結婚したとたんに働かなくなり、暴力を振るいました。何がどうしたのか、タマにはわからず、ただおろおろするばかり。彼は借金を重ねるばかり。

タマは昼間介護の仕事をしながら、それが終わると派手な洋服に着替えて夜のお店で働いたこともありました。寝る暇もありません。

「とにかくお金を稼いで、借金を返して別れてやる」

タマは、夫の借金を妻が返さないと離婚できない……なんて勝手に決めていて、がむしゃらに働きました。疲れていることも感じられません。もう必死。肉体的にも精神的にも異常な状態で、半分やけになって働いていました。

やっと借金を返し終えて、離婚届にはんこを押してもらい市役所に提出しました。やれやれ、やっとこの生活から逃れられるとほっとしたのもつかの間、タマの疲れは極限に達していたらしく、車で家へ帰る途中、急に目が見えなくなりました。急ブレーキをかけて、なんとか路肩に停め、実家に電話。場所と状況を伝えると、そのまま意識を失いました。運転中に意識を失っていたらどうなっていたか。危機一髪。

気がつくと病院のベッドの上。診察の結果は、過度のストレスのために脳梗塞を起こしたとのこと。こうなるのも当たり前のような結婚生活。

「ひょっとしたら後遺症として、記憶が保てなくなるかもしれません」

お医者さんの重いひと言。このままでは廃人になってしまうかもと心配になり、大和《やまと》郡山《こおりやま》市にある医院の中島孝之先生を訪ねました。困ったときにはいつも中島先生。豪放磊落な、話をするだけで元気をもらえる先生。絵が大好きで、ご自分の作品を待合室に飾っています。この医院に入ると、まず「新しい絵、見たか？」から話が始まります。中島先生のひと言に、タマはこれまでどれほど救われたか。大恩人です。

このときも先生のおかげで生き返りました。

「先生、タマの脳みそが……」

事情を話すと、すかさず先生は言いました。

「タマ、安心しろ。タマは何も失っていない」

「え？」

「タマは昔から頭が良かったか？　勉強ができたか？　もっと勉強できて頭のいい人なら困ることかもしれんが、タマの頭にはもともと何も入ってなかったのだから、失うものは何もなかったんじゃないか？」

タマをよくご存じの先生、深刻なときでもこうやって笑いを誘うようなことを言ってくれます。ほっとします。病気になったり悩んでいるときは、心が閉ざされて、重く硬くなっています。それをユーモアでほぐしてくれました。なんともすてきなお医者さま。

「先生の言うとおりやわ。タマは何もなくしてない。初めから空っぽやった！」

一気に元気になりました。

「先生、タマはこれからどうやって生きていけばいいの？」

もうこんな病気にはなりたくありません。ストレスもまっぴらです。もっとタマらしく生きたい。切実でした。

「タマの好きなように生きなさい。笑いがあって、楽しめることに集中して、人生を楽しみなさい」

この言葉でやっと笑顔を取り戻すことができました。病気のことなどすっかり忘れてしまいました。先生は続けてこう言いました。

「ストレスでこんなことになったのだから、ストレスのない生き方にしてあげることが、体に対して一番のやさしさじゃないかな」

一番ほしかった言葉をもらえたように思

います。

そうです、タマは、先生に言われたとおりに生きています。

（第2章）

介護というタマの天職

脳性マヒの久子さんが教えてくれたこと

タマは福祉の現場で15年間働きました。老人ホームから始まって、身体障がい者施設、知的障がい者施設、そして精神病院で看護助手。どの施設でも、タマは生き生き、自分らしさを失わずに働くことができました。天職と思えるほど大好きでした。

福祉の仕事に興味をもったのは中学生のとき。担任の先生が道徳の時間に大西久子さんという女性を呼んでくれたのです。久子さんは当時30代。生まれてすぐの高熱で、脳性マヒになりました。歩くことも話すこともできません。飲食も排泄も介護者がいないとできません。

「そんな重い障がいがあってどんなふうに話をするのだろう?」

素朴な疑問でしたが、直接久子さんに出会って、「こんな方法があるんだ」と驚きました。驚くやら感心するやら、人間って、不自由があるといろいろ工夫してそれを乗り切るんだなと感じました。

久子さんの前に50音の文字盤が置かれました。久子さんは指で一文字ずつ指さします。それを介助者が読むのです。ゆっくりですが、文字が連なって単語になり、さらに言葉になります。そこに、ああしたい、こうしたいという意志が生まれます。

久子さんのような方に会うのも、文字盤を使って話すのを見るのもタマには初めてのことでした。久子さんの「話す」姿からタマは目を離せませんでした。

お話の内容も衝撃的でした。

幼いころの久子さんは、ご両親が働きに出て、兄弟も学校へ行ったあとは、座敷部屋に一人取り残されました。どんな思いで両親や兄弟の帰りを待っていたのでしょう。

タマは福祉施設で働いたあと、結婚して障がいのある子どもを授かることになりますが、もっと、障がい者の心やその思いに光が当たるようになるといいと思います。

さて、久子さん、成長してもつらい日々は続きました。介助を手伝うと言って近づいてきた近所の男性から性的な乱暴を受けたこともあったそうです。とんでもない、ひどい話です。

「そんな人がいるなんて！」

タマはショックを受けました。久子さんはタマが感じるよりも何百倍も悔しかったでしょう。それを思うと、涙が出そうになりました。

そんな屈辱に耐えながら、久子さんは、

「いつか話せるときを迎えたら、この悲惨な状況を世間に伝えて回ろう」

と決意しました。自分のような立場の人がつらい思いをしなくていい世の中になってほしかったのです。みんなに伝えよう……その思いが久子さんの生きる原動力、希望になりました。

「すごいな」

タマは久子さんのことを心から尊敬します。

「もし、自分だったらどうだろう」と考えました。「いつか話せたら」という希望なんかとてももてないだろう。一瞬もてたとしても、「どうせ、自分なんか」とすぐにあきらめてしまうかもしれません。

久子さんは一寸先も見えない状況にいました。絶望して当たり前でした。それでも未来を信じていました。自分にはやることがあるとがんばりました。信じることはすごいなあと思います。その願いは叶いました。50音の文字盤を使うコミュニケーション方法を知り、ヘルパーさんが介助してくれることで、久子さんは文字を覚え、自分の意志を伝えられるようになったのです。

「どんな状況でも、あきらめなければ未来は開ける。夢は叶う」

久子さんのおかげで、タマの胸にそんなすてきな種がまかれました。

「福祉の仕事につきたい」

タマは思いました。

中学生のときから数年後、タマの小さな願いが実現しました。

「タマ、学校の帰りに久子さんのところへ寄って、介助の手伝いをしてくれへんか？」

久子さんのお話を聞く機会を作ってくれた中学校の先生から連絡がありました。当時タマは高校生。登下校の途中に久子さんの家がありました。

「どうしてタマに声をかけてくれたの？」

タマはうれしくて、先生に聞きました。先生はあっさり言いました。

「ほかの子は中間テストや期末テストで勉強しないといけない、久子さんのお手伝いができないでしょ。でもタマは勉強なんか関係ないから大丈夫だと思ったからだよ」

確かにそのとおりです。「タマには介護の素質があるから」や「久子さんがタマのことを気に入っているから」は納得できましたが、「勉強なんか関係ないから」には、わがことながら大笑いです。でも、久子さんのことが大好きだったので、「はい」と引き受けました。久子さんの役に立てることがうれしくてたまりませんでした。

「でも、どうして急にお手伝いが必要になったのかな？」

ひょっとして体調が悪くなったから？　そんなことはないでしょう。久子さんのことだから、また一歩、前進したに違いありません。

タマの勘は当たっていました。お手伝いが必要な理由を知って、タマは久子さんのことをもっと好きになりました。久子さんは健常者の男性と恋愛して結婚。帝王切開で二人のお子さんを出産していたのです。わあ、すごい！　上が2歳の男の子、下はまだ生まれたばかりの女の子。久子さんの介助に加え、子どもさんのお世話が必要です。ヘルパーさんだけでは間に合いません。それでタマに声がかかったのです。

高校の授業を終えるとダッシュで保育園へ向かいます。2人のお子さんを引き取るためです。0歳の子を抱き、2歳の子の手を引いて久子さんの家に送り届けます。そのあと旦那さんが帰るまで、久子さんの介助とベビーシッターを務めました。

2歳の男の子はやんちゃ盛り。目が離せません。0歳の女の子にはミルクを飲ませたりオムツの交換で、目が回るほど大変でした。タマが音を上げもせずに楽しんでお手伝いできたのは、久子さんのお人柄がとてもすばらしかったからです。

お料理も育児も久子さんがタマに教えてくれました。体が不自由で言葉ひとつ伝えるのも困難なのに、です。驚きと感動の連続でした。チャーハンやピーマンの肉詰め、しめじのハンバーグ……久子さんは自分では作れないのですが、作り方はしっかりと頭に入っていて、あの文字盤を使って、タマにその都度レクチャーしてくれました。

彼女の指示に従って作った料理のおいしいこと。実際に調理をしたのはタマですが、間違いなく久子さんの手料理。すてきなおふくろの味です。

「すごいな」「すばらしいな」

感嘆のため息です。久子さんの家へ行くのが楽しみになって、学校が終わると自然に笑顔が出ます。10代でこんな体験ができて、タマはとてもラッキーでした。

そんな久子さんの姿を見ているうちに、タマはこう決心しました。

「『ああだからできない、こうだからできない』という言い訳だけはしない！」

それがその後タマにやってくる困難を乗り越えた原動力になったのだと思います。今でもめげそうになると、久子さんの姿を思い出し、元気をもらっています。

オムツ交換の心配り

久子さんのところで「介助」の経験をさせてもらったことで、タマの福祉への関心はどんどん膨らみました。高校3年生のときだったと思います。何気なく友だちに「タマ、老人ホームで働いてみたい」と口にしました。ほかの話をしている最中に思わず本心が出たという感じだったので、強く印象に残っているのです。

思ったらすぐに行動するのがタマです。動かずにいられないのです。きっと、これがタマのいいところだと思います。やれることからやろう。まず、老人ホームを探しました。決心して動くと大抵の場合、うまくいきます。老人ホームも家の近くにありました。

さっそく訪ねました。

「夏休みにアルバイトできませんか？」

ストレートに頼みました。時代はバブルの絶頂期。今でこそ介護保険が導入されて福祉への認識も変わりましたが、当時は、派手できらびやかな世界ばかりがもてはやされ、福祉で働くのは３Ｋ（汚い、きつい、危険）だと嫌がられていました。そんなところでアルバイトをしたいという高校生なんてほとんどいませんでした。タマは貴重な存在で、すぐに採用が決まり、そのことを母に伝えると、母は「まあ、そんなところで……」と驚いていました。

当時、オムツの交換や入浴介助で職員がゴム手袋をはめることもなく、どんな仕事も素手でした。今では考えられません。入居者をきちんと名前で呼ぶという規則もありませんでした。

「おじいちゃん（おばあちゃん）……」と呼ぶか、もしくはニックネームです。夜間に看護師さんが常勤することもなく、万一のことがあると、宿直スタッフが対応するのが当たり前でした。夜勤人員も少なく、一人で１００人を介護することも当然でしたから、大変な重労働でした。でも、あのころの老人ホームはとても家庭的で温かくて、自由な雰囲気がありました。タマは、昔のほうが好きだな。

ホームのおじいちゃん、おばあちゃんと接してタマが思ったのは、「みんな赤ちゃんのときがあった」ということでした。

老人ホームでは1日に何回もオムツ交換があります。タマは、いつも目の前のおじいちゃん、おばあちゃんが赤ちゃんだったころのことを考えながら、オムツ替えをしていました。赤ちゃんのころオムツを汚すと、

「よしよし。○○ちゃん、いい子ね」

と、お母さんは童謡を歌いながら手を動かしていたかもしれません。昔は布オムツですから、換えるにも手間がかかっただろうし、オムツが汚れれば手で洗濯をし、庭に干し、畳んで片付けました。今とは比べ物にならない労力です。それでも、お母さんは「この子が幸せな人生を過ごしますように……」と願っていたに違いありません。

その赤ちゃんもだんだん年を重ね、人生の晩年を迎えて、またオムツを換えてもらう立場になりました。その様子を空からお母さんが見ていたら……と、タマは思うのです。

「大切に、ていねいにね……」と思っているはずです。

そんなお母さんの思いをタマは引き継いで、今、このおじいちゃん、おばあちゃんのオムツを換えています。お母さんの肉体はなくなっても、思いは残っています。その思いを裏切らないようにしよう。タマはそう自分に言い聞かせていました。

先輩の教え

大事なことをいっぱい教えてくださった、すばらしい先輩がいました。小寺一隆さんという福祉の専門家です。

あるときタマが仕事をしていると、

「タマ、これ宿題や」

小寺さんが紙オムツをタマに渡すのです。怪訝な顔をしていると、

「家に帰ったら、これをはいて、2回おしっこをしなさい」

え、どういうこと？　どうしてそんなことするの？　最初尻込みしましたが、きっと大切なことなのだろうと思い直し、「はい」と返事しました。

帰宅したら、早く宿題をすませてしまおうと、紙パンツをはいて水をがぶ飲み。「もうだめ」というところまでがまんして、おしっこをしようとするのですが、なかなか出ません。

「紙オムツをしているのだから、そのましてもいい」

頭ではわかっています。でもおしっこは一向に出ません。したいのに、出ない。妙な感覚です。さて、どうしようか。タマは考えました。

「これなら出るかもしれない」

紙パンツをはいたまま便器に座って無念無想、体の感覚に任せました。やっと出ました。

よかった。ほっとしました。でもおしっこがオムツの内側に沁みるのがわかりました。ほんの一瞬、心地のいい温もりが下腹部に広がりましたが、すぐお尻が冷えて下半身がもぞもぞします。夏ならともかく、冬だったら芯から冷えてしまうでしょう。そうか、ホームのみなさん、あんなのに耐えているんだと、改めて感じました。

与えられた宿題は2回です。まだ紙パンツをぬげません。冷えを感じながら、苦痛の時間を過ごしてやっと2度目の排尿。紙オムツからおしっこが漏れてきます。それがじわじわ足もとまで。こんなのイヤ！

「紙オムツをするってこんな感じなんだ。知らなかった」

しばらく呆然としていました。ホームのみなさんにとってはこれが毎日なのです。何でも体験してみることで、見方や考え方、動き方が違ってきます。タマは、オムツを換えるときの気持ちがガラリと変わりました。すばらしい宿題でした。他人の気持ちを知るために自分で試してみる……という簡単な実践ですが、紙オムツを担当者が実際に体験してみるなんて、なかなか思いつかないものです。タマは、小寺先輩のことを「さすが！」と心から尊敬しました。

小寺さんの、次々とアイディアを出す力といい、それを実践に応用していく行動力といい、あれほどの人に会ったことがありません。小寺さんからはどれだけのことを学ばせてもらったことか。タマにとっては、老人ホームの毎日が新鮮な発見と刺激の連続でした。

タマは、従来の常識の枠を超えて新しいことにチャレンジしている人を見ると、「すてき！」と心が高鳴ります。それがタマのエネルギーになります。タマもそういう人にならないといけないと、ふつふつと使命感のようなものが湧き上がってくるのです。久子さん、小寺さん。こういう出会いを与えて下さったのも、タマが自分の役割を果たすために、鞍馬寺の魔王さまが仕組んだのでは……と思えてなりません。

思い込みが現実を作る

福祉のことをちょっと偉そうに書きましたが、タマは福祉関係の資格なんてひとつももっていません。勉強が苦手、大嫌い、参考書や問題集を開くと、体が拒絶反応を起こし吐き気をもよおすのです。そんなタマに、資格を取ろうなんて無理な話です。

それでも、タマが働いたどの施設でも、施設長をはじめ、仕事仲間はタマのことをとても大事にしてくれました。

「タマという子が行くから大事にしてやってくれ」

転職するときに新しい職場の人たちに頼んでくれた施設長もいました。不思議だったのは、どこへ行ってもタマが受けもつのは重度の方ばかり。きっとタフな子だと思われていたのでしょう。重症の方のケアはとても大変でしたが、タマにとっては大きな学びになりました。

「重度認知症デイケア」という施設があります。他の施設での受け入れを断られた認知症の老人を、デイケアという形で、限られた時間、介護するところです。タマは、しばらくそこで働いたことがあります。

１日の利用者は8名前後。朝のお迎えから午後3時過ぎまで一緒に過ごして、入浴や排泄の介護、食事のお世話などをしました。みなさん〝重度〟ですから、毎日何が起きるのか予測がつきません。忙しかったけれども、タマにとっては、とても楽しい日々でした。

「思い込みってすごい！」

タマが一番驚いたことです。認知症の方は、自分の思い込みこそが絶対の現実です。93歳のおばあちゃん。かわいい声と仕草で、自分は20歳だと思い込んでおられました。

20歳だと思い込めば、その現実も20歳になってしまいます。姿形は90歳を過ぎたおばあちゃんですが、彼女と一緒にいると、まるで20歳の女の子と話しているような錯覚に陥りました。若いころからきっと美人で、まわりにちやほやされていたに違いありません。夢がいっぱいあって、心がいつもときめいていたのでしょう。タマたちにもそれが伝わってきました。まわりの人もウキウキしていました。そうです、これが思い込みです。

別のおばあちゃんはおしゃれが大好き。自宅へお迎えに行くと、全身のコーディネイトの完璧さにいつも驚かされます。

「すてきですね」

タマがほめると、本当にうれしそうな顔になって、こちらまで幸せな気分になれます。

冬の朝のことでした。タマは長袖のジャージの上にジャンパーを羽織っていましたが、それでもぶるぶる震えるくらいの寒さでした。

家にお迎えに行って、「えっ」と目が点になりました。ノースリーブのワンピース姿。「さすが」と思うようなすてきなワンピースでしたが、この寒さでは、その格好で外出するのは無理です。どうすればいいか。タマはしばらく玄関で固まっていました。すると、「こんな暑い日に、何てかっこうをしているの」と、おばあちゃんは寒がる様子などまったくなく、タマの姿を見て笑っています。

といってそのままにしておくわけにはいきません。上着でも羽織ってもらわないと風邪でもひいたら大変です。上着をはおるようお願いするしかありませんでしたが、

「こんな暑い日に、上着を着せてどうするつもりですか」

逆にこちらの神経を疑われました。

彼女は、今が真夏だと思い込んでいるので寒くないのです。人は、思い込みに関係なく、夏は暑く、冬は寒いと思っています。

ところがおばあちゃんは物理的な暑さ寒さよりも、思い込みのほうが強いようなのです。夏用の薄いワンピースなのに汗をかいて、その汗をふきながら冷たい飲み物をおいしそうに飲むのです。思い込みによって、体感も体の機能も変化してしまうとしか考えられません。暑いと信じ込めば、体は暑いと感じ、それに応じて汗をかいたりするのです。

もう一人、足を骨折したおじいちゃんにも驚かされました。

「足を動かせてはいけません。安静にさせておいてくださいね」

お医者さんから強く言われていました。当然です。骨折ですから、言われなくてもそうします。ところが、そのおじいちゃん、

「骨なんか折ってへん！」

と言い張って、立って歩こうとします。タマは必死に止めましたが、タマの言うことなどまったく聞きません。

「もう勝手にしてください。どうなっても知りませんから！」

タマは半分切れました。どんなことが起こったか。そのおじいちゃん、骨折なんてウソみたいに、すいすい歩いていました。あちこち歩き回っても痛みも出ないし、普通の生活ができるのです。唖然とするしかありませんでした。思い込みは現実にまさることをまざまざと見せつけられました。

思い込み……というのはあまりいい意味では使われません。しかし、あのおじいちゃんやおばあちゃんを見ていると、思い込みにはすごい力があると感じました。思い込みで世界はできている。思い込みを上手に使えば、とんでもなく可能性が広がる。重度認知症の施設にはできると思えばできてしまう世界が、当たり前のようにあったのです。

「あの方たち、もしかして宇宙人？」

宇宙人のタマもびっくりです。

できると思えば、できるのです。重度認知症の方たちが「願いは叶う」「思いは実現する」ことを、教えてくれました。

タマはずっと、常識にとらわれない変な子として生きてきました。しかしどこかでこのままではいけないのでは……という思いもありました。

「ほかの人と同じことをやらないと、世の中からはじかれてしまうかもしれない」

そんな思いがちらちらと頭をよぎり、不安を感じることもありました。しかし、認知症の方から思い込みのパワーを見せてもらうことで、「常識の枠におさまらない自分でいい」「思い込みが現実を変える」ことを知りました。

「こうでなければならない」

そう思い込んでしまったら、そのとおりの自分になります。枠にはまらない変な子だから面白いし、すてきだし、それこそがタマらしい。

今、タマは潜在意識の話をあちこちでしていますが、思い込みは潜在意識を活用する重要な鍵です。認知症の方々から教えていただいたのはそのことでした。

ある精神病患者さんの祈り

老人ホームの次に精神病院でも働きました。

精神病院という場所は、よほどご縁がない限り、一般の人がその内側を知ることはありません。タマは、前夫との離婚後、ひどい男性恐怖症になっていました。男性と一緒に働くことができないのです。そのため一時期、介護の世界から身を引いてエステに勤めたことがあります。エステはスタッフもお客さんも女性ばかりですので、安心して働くことができました。でも、タマにとってのエステは天職ではありませんでした。

「精神病院で働いてみたい」

20代後半のある日、「17歳のカルテ」という映画を見て、急に介護の血が騒ぎ始めました。

映画の舞台は精神病棟で、そこでの人間関係が描かれていました。この映画を見終わるやタマの頭の中のスイッチが切り替わり、精神病院で求人がないか情報集めを始めました。ひらめいてすぐに動くと、トントン拍子にものごとが進みます。自宅のすぐそばの精神病院で看護助手を募集していたのです。面接を受け、あれよあれよという間に就職が決まりました。用意されていたかのようにタマの願いが叶いました。

精神病院では、入院患者さんが無断で出て行かないように、どの階にもどの部屋にも扉に鍵がかけられています。看護助手のタマたちはすべての扉の鍵をもたされ、いつも二人1組で動いて、患者さんを見て回ります。徹底的な管理が行なわれていて、タマも緊張していました。

病院は新しく建てられたばかりで、とてもきれいでした。患者さんは重度の人もいれば軽度の人もいます。しかし、精神病を患うと退院後の就職がとても難しいので、症状は良くなっても社会復帰ができず、退院できないでいる方がたくさんおられます。

タマが長くいた老人ホームと違うのは、入院しているのはお年寄りばかりではないことです。タマと同世代の女性の患者さんもいて、よくファッションの話をして盛り上がりました。みなさん、限られた中で生活していますので、外のことには興味津々です。

タマはよく、世の中ではどんなことが起こっていて、町はどんな様子なのかという話をしたので、たくさんの患者さんがタマのまわりに集まってきました。

「もう二度と施設から出ることがないかもしれない方たちに向かって、外の出来事を話すのは残酷だ」

そんなことを言われたこともありますが、タマにはそうは思えません。実際に経験していなくても、想像することで私たちは知らない世界を楽しむことができます。

「駅前に新しくできたレストランのステーキ、すごくおいしいよ」

という話題になれば、イメージでおいしいステーキを味わうことができます。

面白いテレビ番組の話、流行りのファッション、恋愛のこと……自分にとっては現実の世界ではなくても、みんなで話をしていれば、笑ったり感心したり、自分はこう思う、自分ならこうすると意見を言い合ったりして、楽しい時間になるのです。

タマは、精神病院に入院している人たちが大好きでした。外の世界にないものがあるからです。外にあって内にないもの。内にあって外にないもの。隔離された病院で働くことで、タマはたくさんのことを考え、感じました。

気になる患者さんがいました。

夜勤で見回りをしていると、毎晩、一人の女性がベッドの上に正座をして、枕のほうに向いて手を合わせているのです。けっこう長い時間、その姿勢のままでした。彼女の娘さんもこの病院に入院中でした。

娘さんの年齢はタマと同じ。重度の精神障がいがあって、二人とも退院できるメドはありません。

「きっと娘さんが回復することを祈っているのだろう」

タマはそう思っていました。

冬の寒い日のことでした。その女性はいつものようにベッドに正座してお祈りをしていました。タマは、そっと毛布を彼女の肩にかけました。

「タマちゃん、ありがとう」

少しだけ笑顔になって、タマのほうを見ました。

「手を止めさせてしまってごめんね」

タマは謝り、「毎晩、娘さんのためにお祈りをしているんですか?」と尋ねました。

「ちがうよ」

えっ、娘さんのことじゃなかったら何を祈っているのだろう。タマは彼女の顔を改めて見つめました。すてきな笑顔を浮かべています。しばらく沈黙があったあと、彼女から返ってきたのは予想外の答えでした。

「タマちゃん。私はタマちゃんのことをお祈りしているんです」

え、タマのこと？　びっくりです。でも、どうして？

「タマちゃんも知っているだろうけれども、私も娘もここから出ることは不可能よね」

悲しいけれど、認めざるを得ません。

「でも、タマちゃんは違うでしょ。私はいつも思っているんです。タマちゃんとここでご縁があったこと、いつかは離れるときがくるかもしれないということをね。それでも、どこにいてもタマちゃんの笑顔が続くように、それを思うと自分が幸せになるんです。だからタマちゃん、どうか幸せに生きてください」

考えてもみなかった展開に、タマの心臓はどきどきしました。

「すてきな男性と結婚して、たくさんの子どもを産んで、やりたいことにどんどんチャレンジして、タマちゃんの世界を豊かに生きてください。そうしたタマちゃんを思って祈るとき、私は本当に幸せで満たされるのです」

タマが脳梗塞で倒れたときの中島先生からのメッセージと同じです。やりたいことにチャレンジ。タマの世界を豊かに生きる。心に響く言葉をありがとうございます。

「タマちゃん、私にこうした機会を与えてくれてありがとう。あなたに出会えて私は本当に幸せですよ」

そう言いながらタマの手をギュッと握ってくださいました。

どう返事していいのか言葉も出ませんでした。ただ涙があふれてきます。

知らなかった。黙って毎日祈ってくれていたんだ。娘さんのことではなく、タマのことを。

「ありがとう」

やっと言えました。

このときタマは決めました。

「ぜったいに幸せに生きる！」

タマ流、楽しくお薬を飲んでもらう方法

精神病院では、日勤、早出、遅番、夜勤という勤務なので、生活を勤務時間に合わせないといけません。日勤なら夜眠ることができますが、夜勤だと、朝帰宅し、そこから

りません。

眠ることになります。不規則な毎日ですから、自分の体調管理にも気を使わなければな
精神病院の夜勤は、患者さんへの投薬から始まります。看護師と助手がペアを組んで、大きな投薬の台車を押して病室を回ります。お薬を間違わないよう二人で確認し、封を開けて患者さんに渡し、お薬を口に入れ水で流し込むのを確認するまでが仕事です。一人ひとりが飲むお薬の量はとても多くて、人によっては20錠もあったりします。飲むというより、食べると言ったほうがふさわしいような分量です。

だいたいお薬なんておいしくありませんから喜んで飲む人はいません。みなさん、「またか」という表情をして、ため息をついています。それが毎日ですから、気持ちも落ち込んでしまいます。投薬するタマたちにとっても、うれしい仕事ではありません。お薬が必要なのはわかるけれども、苦痛にならない方法ってないのでしょうか？

「どうせ飲まないといけないのなら、楽しく飲めたらいいよね」

そんなことをスタッフや患者さんとよく話し合いました。でも、うまい答えは出ません。

「かならずいい答えがひらめくはず」

そう信じてタマは考え続けました。ある日、ピピッときました。

「よし来た！」

これだこれ。ナイスアイディア。さっそく次の日からそれを実行しました。自画自賛ですが、タマらしい最高の方法です。

「はい、これは肌が10歳若返るお薬です」

そう言ってお薬を渡すと、「お薬を飲まないといけない」と暗い顔をしていた患者さんの表情がぱっと明るくなります。中には、「そんなわけないやん」と反論する患者さんもいますが、それでも自分から進んで飲むのです。

「はい、これは余計な脂肪がとれて、どんどん美しくなるお薬です」

次の日は別の効能を言います。

「ホンマかいな」

笑いながら薬を口に運びます。

「これは幸せな気分になれるお薬です」

「そんなお薬があったらだれも苦労せんて。ほんま、アホなこと言うて」

これを始めてから、投薬の時間の雰囲気ががらりと変わりました。みなさんが今日のお薬は何だろうと楽しみに待つようになったのです。

やっぱり思い込みは重要です。これは幸せな気分になるお薬だと思い込んでしまえば、

ただの胃薬でも、飲んだとたんに幸せを感じられるのです。ただ、毎回どんな効能にしようかと考えるのには苦労しましたが、

「タマちゃんどう？　私、ウエストが少し引き締まった気がするんやけど。お薬の効果かなあ」

と腰に手を当てて、くねくね腰を振る患者さんの姿に病室が大爆笑する様子を見ると、タマも一緒に笑いながらとても幸せな気分になるのです。この投薬法を始めてから、病室には笑いが絶えなくなり、みなさん、とても明るくなりました。

精神病院へ入院されている方はだれもが深い悲しみ、つらさを抱えています。だからと言って、うつむいているばかりでは前へ進めません。どんな状況に置かれても、人はユーモアを忘れてはいけないと、タマは思うのです。

ドクターストップで福祉の仕事を卒業

大好きだった精神病院の仕事でしたが、あるとき突然、辞めることになりました。

夜勤の日、タマが巡回をしていると、トイレで男性二人がけんかをしていたので、あわてて止めに入りました。二人とも目の見えない患者さんで、同時に同じ個室に入ろうとしたことがきっかけで殴り合いにまでなってしまったようです。

止めに入ったものの、二人とも目が見えないので、そばにタマがいることがわかりません。けんか相手だと勘違いしてタマに殴りかかってくるのです。

「タマだよ。殴らないで！」

と必死で叫びましたが、声は届かずパンチだけが飛んできます。騒ぎを知って駆けつけた看護師さんに助けてもらい、やっとのことでタマは救い出されました。ひどく殴られて頭がくらくらしています。応急処置を受けて、何とか朝まで勤務を続けましたが、朝になったら体が動きません。手が思うように動かない。首も固まったまま。一人で立ち上がれない。

「これは大変なことになったのかもしれない」

不安になりました。同棲中だった今のパパに病院へ連れて行ってもらいましたが、「原因不明」との診断。別の病院へ行っても同じ。いくつも病院を回りましたが、何も解決しません。一週間、そのままの状態が続きました。

「このまま寝たきりになってしまうんやろか？」

そうかもしれない。それでも仕方ない。タマは半分覚悟しました。しかし、追い込まれると、思わぬひらめきがやってきます。「ふと」思うのです。タマの「ふと」はだいたいがナイスアイディア。

「あっ、おじいちゃん」

小さいころにかわいがってくれたおじいちゃんが頭に浮かびました。

「そう言えば、おじいちゃんがひどいぎっくり腰になったことがあったなあ」

そんなことを思い出しました。おじいちゃんは顔をしかめながら腰に手を当ててやっと歩いていました。横になっても痛い。寝返りも打てない。あちこちの整形外科や治療所へ通ったようです。でも一向に良くなりませんでした。

知り合いに「いい治療家がいるよ」と紹介されて、おじいちゃんは奈良県榛原町《はいばら》（現・宇陀市《うだ》）にある東洋医学の先生のところへ行きました。「どこも同じだ」と期待はしていなかったようですが、とにかく藁をもつかむ思いで出かけて行きました。どうなったかというと、その日、おじいちゃんはスタスタと歩いて帰ってきたのです。すっかり痛みが消えていました。タマはそのことを思い出したのです。

「あの先生しかいない」

タマは確信しました。母に電話して、おじいちゃんが通っていたのは「福地治療院」だったと聞き、パパにお願いして車ですぐにその先生のところに連れて行ってもらいました。治療院は山の中にありました。一軒家の一室にベッドがふたつ、机がひとつ置いてあるだけのシンプルな施設でした。

「ひどい状態やな」

福地先生は、寝台に横になっているタマを見てつぶやきながら、体に触れることなく手のひらをタマに向けました。

その瞬間です。

「痛い！」

先生が大声で叫びました。

「どうして先生が痛いの？」

タマがきょとんとしていると、

「ぼくが感じた痛みはあなたの痛みです。相当な痛みに耐えてきましたね。流していきましょう」

ホント？　と思いつつも、ここまできたら先生に任せるしかありません。何をどうしたのかよくわかりませんでしたが、先生はタマの体内のエネルギーを動かす治療をしてくれたようです。

1時間くらい施術を受けました。

「あれっ？」

タマの体はウソみたいに軽くなっていました。手を握りました。上に上げました。動く！　首も後ろと前に、ぐるりと回す。動く！　膝も曲げられる。足首も回せる。さっきはパパに抱っこしてもらってやっと治療台の上に寝かせてもらったのに、自分で起き上がって、ベッドから降りて立って、歩けるじゃないですか。

ウソみたい。驚きました。体を動かすどころか、飲むことも食べることもできなかったのに、魔法にかかったように、元気なタマに戻っていました。パパも部屋の中を歩き回るタマをうれしそうに見ています。

「お祝いだ」

帰りにパパがソフトクリームを買ってくれました。あんなにおいしいソフトクリームは食べたことがありません。気分もそう快です。おいしい、楽しい、すっきり、幸せ。ポジティブなエネルギーがタマの体を駆け巡っていました。

なぜ簡単に治ったのか、タマにはよくわかりません。医学的に証明できるようなことではないでしょう。福地先生の特殊能力だったのだと思いますが、そういうことが現実に起こるのを、タマは身をもって体験できました。

タマは精霊や動物や物と話せる、不思議な能力のある変わった子でした。この先生の魔法のような力を体験して、タマにも他人には理解してもらえない力があっていいじゃないかと思えるようになりました。

ただ、痛みはとれたものの、体はもう悲鳴を上げていました。改めて最初に診てもらった病院へ行きました。

「これ以上、介護の現場では働かないように」

ドクターストップを言い渡されました。大好きだった介護の世界から離れなければならないと思うと寂しくてたまりません。泣いて過ごしました。高校生のときから数えて、いろいろなことを体験し教えられた貴重な15年でした。

きっと介護という場から「卒業する時期」を迎えたのでしょう。けんかに巻き込まれたあの出来事はそれを促すために起こったのだと思います。

（第3章）

タマの愛しい家族

個性豊かな子どもたち

ここからタマの家族の話です。タマも変な人間ですが、家族もかなり個性的です。だけど、この家族がいるからこそ、タマは思う存分好きに生きて、そしてとっても満足した毎日を過ごしています。

タマたちは、奈良県の山奥の柳生の里というところで暮らしています。

まずは子どもたち。

長女の芽生《めい》（13歳）には重度の知的障がいがあります。現在中学生。知能レベルは2～3歳あたりです。「これ食べる」「これ欲しいねん」「あそぼ」といった簡単なことは伝えることができます。こちらが話していることはわかっているようなので、日常のコミュニケーションには困りません。

芽生は何をするにもゆっくりです。自分から活発に動くことはなく、家に帰ってくると、ソファか座布団の上でくつろいでいます。欲しいものがあれば妹たちに頼んでとってきてもらいます。階段は苦手で、慣れない階段を一段ずつゆっくりと昇り降りしています。最近、自分の手で傘をもてるようになりました。

芽生がいることで、家の中がとても和《なご》みます。

「タマもパパも、ちょっと急ぎ過ぎているかな」

芽生を見ていると、そんなことを思うことがあります。

「それぞれのペースで生きていいんだよ」

芽生が教えてくれているような気がします。

次女の楓生《かえで》（11歳）は学校へ行っていません。

「学校へは行かないことに決めた」

彼女がそう宣言したのは小３のときでした。小２のころから1年間、ずっと考えていたようです。友だちや先生が嫌で行きたくないということではありませんでした。

「学校へ行くと、何か大事なものをなくしてしまう気がする」

そう感じた彼女が1年間考えて出した結論です。タマもパパも尊重したいと思いました。学校は常識を身に付けるところですが、中には楓生のように、学校に行くことで本当の自分からどんどん引き離されてしまうと感じる子もいるのでしょう。そういう子は学校へ行くことがストレスになるかもしれません。

学校へ行かなくなったとき、何度も校長先生から言われました。

「なんとか、お母さんから学校へ行くように促してくれませんか」

タマはこう答えました。

「子どもが一所懸命考えて出した答えを無視して学校へ送り出すことは簡単ですが、せめて、自分が出した答えを体験させてやりたいと思います。その上で改めて考えさせてあげたいのです。私たち大人のやることは、ただ学校へ連れ戻そうとするのではなく、学校へ行かなくても大丈夫なようにサポートしてやることではないでしょうか」

子どもの考えだからといって軽視するのはどうも違うように思います。子どものほうが純粋で、常識や世間体に縛られていない分、正しい判断ができることもあります。まずは自分が決めたことを実際にやってみることが大事だ、とタマは思ったのです。学校側もタマや楓生の気持ちを理解してくれました。

楓生はよく働きます。

朝起きると、まだ幼い次男の藍《あおい》（4歳）のオムツを取り替えます。動物たちの世話も楓生の仕事です。ほかにもいろいろ家の手伝いをしてくれます。

そして、午前中は勉強。午後は勉強以外の自分の好きなことをやったり、物作りをしています。

「この子は、自分をしっかりもって生きているなあ」

タマは感心して見ています。学校へ行かないという選択は間違っていなかった、と親としてうれしくなります。

左から芽生、登翔、楓生、藍。

長男の登翔《とわ》（10歳）にも学習障がいがあって、小さいころから不思議な絵ばかり描いていました。同じ形のものを何枚も、それも細かい模様までていねいに描きます。何時間でも飽きずに書き続けています。

登翔は、先生が書いた黒板の字をノートへ写そうとして黒板から目を離した瞬間、字を忘れてしまうのです。そのため、なかなか文字を覚えることができません。文字が読めなかったり書けないのは、日常生活ではとても不便です。でもあるとき、登翔がこんなことを言いました。タマははっとさせられました。

「ぼくは文字を読むことは難しいけど、読めなかったら読める人に聞いたらいい」

そのとおりです。努力もしないで、障がいがあるから仕方ない……ですませてしまうのは良くないことだと思いますが、登翔の障がいは努力だけでは補えません。だから、「わからないから手伝ってほしい」と人に頼む。「わからないから教えて」と言える勇気とコミュニケーション能力が登翔にはあります。

「なんてすばらしい考え方」

改めて登翔を尊敬のまなざしで見つめました。

次男の藍《あおい》は、ほかのきょうだいとは年が離れているので、みんなからかわいがられています。藍には障がいはありませんが、彼がお腹にいたとき、タマは不思議な体験をしました。

普通、つわりはある特定の食べ物やにおいでひどくなったり軽くなったりします。ところが藍がお腹にいるときには、タマは色に反応したのです。赤い色に触れると、つわりが起こり、青に触れると治りました。

「どういうこと？」

色でつわりが起こるなんて聞いたことありません。タマの好奇心がむくむく動き出しました。

「この色だとどんな気分になるかな。こっちなら……？」

自分の体を使った人体実験です。いろいろな色を触り、体調をチェックしました。一番気持ちが落ち着いたのは藍染《あいぞめ》に触れたときでした。それで「藍」という名前にしたのです。

そしてパパがいます。タマより３つ年下の41歳です。アスペルガー症候群で、人と接することが大の苦手です。それでもアパレル店の店長までやりました。アパレル会社の入社式がパパとタマとの出会いでしたが、タマがあれこれ話しかけてもなかなか目を合わせてくれませんでした。

「不愉快な思いをさせてしまったのかな」

アスペルガー症候群とは知りませんでしたから、タマはとても気にしました。

想像力が著しく乏しいというのもパパの特徴です。

お風呂からあがると、たいてい背中が濡れたままです。

「なんで背中をふかへんの？」

タマは不思議でした。彼自身も「どうして」なのか、よくわかっていません。

一緒に生活してようやくわかりました。背中は自分では見えません。見えない背中をふくときには想像力が必要です。しかし、パパには目に見えない背中が想像できないのです。想像できないと、濡れているという感覚もついてこないようなのです。だから、風呂上がりにはいつも背中が濡れていたのです。

パパと暮らしてほかにも驚くことがたくさんありました。でも、それはタマ側の驚きで、パパもタマに対して「なんでそんなことをするんや？」と思うことがいっぱいあったはずです。お互いさまです。

そんな家族がひとつの家で暮らしています。

自然に癒されたわけありワンちゃん

動物たちも大切な家族です。普通の家庭に飼われているペットとは少し違って、どの子も「わけあり」でわが家へやってきました。これまで一緒に暮らしたことがある動物は、犬、猫、ヨウム（アフリカ西海岸の森林地帯に棲む大型のオウム）、山羊です。

わが家で飼った犬や猫は、ペット産業の裏側で生きてきた子たちでした。事情を知ってびっくりです。子犬、子猫をペット市場へ供給しているのは、ブリーダーと呼ばれる繁殖業者です。悪徳業者もいます。ひどい環境で親犬や親猫を飼育して、子どもが産める間は大事にしても、年を取ったり病気をして妊娠できなくなると、餌も満足に与えないで汚い場所で飼い殺しにしたり、もっとひどいのは山の中に捨ててしまったりします。とんでもない話です。そんな話を聞いてタマは怒りが湧いてきました。

そのことを教えてくれたのは、虐待されている犬や猫のレスキュー活動をしている友人でした。タマもその活動に大賛成。協力することにしました。と言っても、何匹も飼うわけにはいきません。人間の数を越えないという上限を決めて、彼らをお迎えしています。

虐待された経験をもつ動物たちは人間を信用していません。最初はなかなかつきません。最初に迎えた犬は「ミイ」。フィラリアという病気をもっていて、「いつまでもつかわからない」と獣医さんから診断されていました。

ドッグフードをあげると、ミイは口いっぱいに含んで、部屋の隅まで移動し、背を向けて飲み込むように急いで食べました。きっと、ブリーダーに飼われていたときには、少ない餌をほかの犬たちと奪い合うようにして空腹を満たしていたのでしょう。

夜になると壁に体を叩きつけるのもミイのくせで、ドーン、ドーンとすごい音です。狭いゲージに入れられていたときの習性だったのでしょう。

タマは小さいころ動物とよく話していました。大人になっても動物の気持ちは伝わってきます。ミイがどれだけ心に傷を負っているのか。彼女のつらさはよくわかりました。タマは、少しでも楽にしてあげたいと、ミイに寄り添って生きていこうと決心しました。ミイは徐々に心を開いてくれて、何カ月かたつとタマを信用してくれるようになりました。1年ほどで、食事のときの癖や壁に体をぶつけることをやめました。

ミイがやってきて半年くらいたったときのことです。朝、ミイの鳴き声で目が覚めました。

「あれっ」

ミイは声帯を切られていて声が出せないはずです。吠えるのがうるさいという理由で

山羊さんとワンちゃんたち。自宅の庭で。

声帯を切ってしまうひどいブリーダーもいるのです。そのミイが鳴き声を発していたのです。獣医さんに連れて行くと、「奇跡としか言えないですね」と驚いていました。

自然の力がミイを癒してくれたに違いありません。自然には、人間の考えが及ばないようなすごい力があるのです。

ミイとは一緒に花を植えたり、星空を見上げたり、本当に楽しい時間を過ごしました。4年目の春、ミイは静かに息を引き取りました。一生忘れられない大切な家族でした。

ミイ以来、いつも傷ついた犬や猫がタマの家にはいます。

パパとの出会い、再会、初めての出産

タマ一家の物語は、タマとパパとの出会いがスタートラインです。笑い話のような出会いです。タマは自分の感情に正直に生きています。だから欲しいものは欲しい。嫌いなものは嫌い。人にどう思われるかなんて気にしない、というスタイルで生きてきました。そんなタマらしい性格からわが家の物語は始まりました。

パパと知り合ったのはタマが21歳のとき。タイル会社をやめてアパレルの会社に転職してすぐのことです。すぐもすぐ、入社式のときに、タマはパパを見初めました。パパはタマの隣の隣に座っていました。高校を出たばかりの18歳。パパの顔が目に入った瞬

間、タマは「超イケメン！」とひと目ぼれ。さらに配属先が同じ店舗。「これは運命だ！」と確信しました。

そのころ、タマには結婚を約束した恋人がいました。彼とは、高校時代にタマが猛アタックをして付き合い始めました。もちろん超イケメンです。でも、タマの心はパパに一気に傾いてしまいました。どうする？　二股はいけない。そこはタマの人としての道です。腹をくくりました。お付き合いしていた彼にすぐに連絡してお別れすることにしました。すばやい行動はタマの長所です。次はすばやいアタックです。

パパとタマ。

仕事を終えて帰ろうとしているパパに声をかけました。

「ちょっと付き合ってくれない？」

パパは、社会に出たら先輩からの誘いは断ってはいけないと思い込んでいたらしく（タマのほうが年上でした）、素直にタマの車の助手席に乗りました。きっと食事にでも行くのだろうと思っていたはずです。何とかわいい男の子。タマが一目ぼれしただけのことはあります。パパが連れて行かれたのは、すてきなレストランではなく、ラブホテルでした。

「本日中にお召し上がりください」

ハイヤーセルフ（高次元の存在）から命じられたとおり、タマは好みのイケメンを完食しました。

パパとはこんなスタートでした。とにかく、いいと思ったらすぐに行動する。これはタマの確固たる哲学です。恋愛だけではありません。人生すべて、即行動です。

しかし、パパとのお付き合いは長く続きませんでした。年下だったこともあり、タマにとっては少々物足りなくて、すぐにお別れしました。その後、タマはアパレル会社を辞めて介護の仕事に就き、そこで知り合った男性と24歳で結婚しましたが、結婚生活は、先にも触れたように1年半ほどしか続きませんでした。

恋愛、結婚、離婚。男と女がくっついたり離れたりするのはものすごくエネルギーがいります。タマはすっかり疲れてしまい、男性恐怖症になり、もう二度と結婚なんかしないと決めていました。

いっぽうパパは、苦手中の苦手だった接客業でがんばり、アパレル会社の10年選手になっていました。もともとパパは重度のアスペルガー。他人とうまくコミュニケーションがとれません。人とあまりかかわらない工場勤めをしようと思っていたようですが、ファッションが大好きで、どうしても洋服を販売する仕事がしたいと、苦手な接客業にチャレンジしました。苦労はあったと思いますが、10年続けたというのはすばらしいことです。それも、店長を任せられるまでになりました。ずいぶん立派で、たくましくなっていました。

久しぶりに再会したパパは、タマにこう言いました。

「ずっと忘れられなかった」

相変わらずのイケメンです。別れてもずっとタマのことを思ってくれていて、こんなにいい男なのに、だれともお付き合いしなかったそうです。もったいない話です。パパの告白に、胸がきゅんとして男性恐怖症など吹き飛んでしまったタマでした。

結婚を申し込まれました。断る理由などありません。イエス！　即答です。運命的なものを感じました。人生、何が起こるかわかりません。

結婚を決めて同棲を始めたちょうどそのころ、前にお話ししたように、タマはドクターストップで介護の世界から離れることになりました。あれは本当にいいタイミングでのアクシデントだったと、あとになるとわかります。

さてこれから何をしようかなと思っていたとき、体に変調を感じました。何だろうと思ったら妊娠でした。タマが子どもをもつ……？　思ってもみなかったことです。自分の体の中にもうひとつの命があるなんて信じられませんでした。

うれしくて、楽しくて、わくわくして、パパと一緒にお祝いしました。

２００７年夏。第一子が誕生。大変な難産で、陣痛がきてもなかなか生まれません。苦しくて苦しくて、生きた心地がしませんでした。それが3日間続きました。やがて陣痛が激しくなってきましたが、赤ちゃんは一向に出てきてくれません。時間ばかり過ぎていきます。赤ちゃんの心拍数が落ち始め、「タマも苦しいけど赤ちゃんも苦しんでいるんだ。このままだと赤ちゃんが弱ってしまう。どうすればいいの……」と不安を感じたとき、吸引機が運ばれてきました。先生たちが慌ただしく動き始め、年配の看護師さんがタマのお腹の上に馬乗りになって、タマの目をしっかり見つめて、こう言いました。

「次に私が合図したら、何が何でも赤ちゃんを産み出しなさい！」

すごい迫力にタマは黙ってうなずくしかありませんでした。看護師さんの合図に合わせ、無我夢中で、出せる限りの力を出して赤ちゃんを産み出したときには、何も考えられないほど消耗していました。

ほぉーとひと息ついてから、

「はじめまして、芽生《めい》」

胸の中で丸まっているわが子に声をかけました。

何カ月か前の検診のとき、早産の恐れがあると言われてとても心配だったのですが、そのとき、お腹をさすりながら、「どうか、この小さな命が無事に芽生えますように」と祈りました。そのときに思わず出た「芽生え」から「芽生」と名付けることを決めました。

初めての育児、右往左往

初めての育児は、緊張も不安もありましたが、うれしいこと、楽しいことがいっぱいでした。芽生の顔を見ているだけで、体も心も震えました。柔らかな髪、赤ちゃんのにおい。すべてが愛しくてかわいくてたまりませんでした。

しかし、成長するにつれて気になることが出てきました。芽生はお乳をほしがって泣くことがありません。笑いもしません。感情を表に出さないのです。おとなしい赤ちゃん、というだけですませられません。日に日に不安が募っていきました。

ついつい近所の同じくらいの年の赤ちゃんと比べてしまいます。その子たちが歩きはじめても、芽生は抱かれたまま。それでも検診では「異常なし」のハンコ。考え過ぎかなと思ったり、やっぱり変だと落ち込んだり、タマの心は大きく揺れました。

そんなある日、お昼になっても目を覚まさない芽生を起こそうと声をかけたら、突然、芽生が恐怖に襲われたかのような大声をあげ、あたりを見回して、そのまま意識を失ってしまいました。

「芽生が死んじゃう！」

全身の血の気が引くのがわかりました。救急車を呼び、義父に電話をして、すぐに来てもらいました。

病院ではいろいろな検査を受け、「てんかん」とわかりました。とにかく命が助かって良かった。ほっとしました。せっかくのチャンスだからと、担当の先生に言葉が遅いことや表情がないことなど、気になっていたことを、タマは質問しました。先生は、市で行なっている発達度合いをチェックする検査を受けるといいとアドバイスしてくれました。

市に検査を申込み、母に付き添いを頼んで病院に行きました。そのときタマのお腹の中には2人目の子が宿っていました。

検査結果を待つ間、芽生は楽しそうに遊んでいました。「きっと考え過ぎだったんだ、心配ないよ」と自分に言い聞かせました。やがて先生が現われ、黙って一枚の紙をタマに渡しました。そこには、「障がい者福祉施設のご案内」と書かれていました。

「これは……どういうことですか？」

「お母さん、今はお腹に赤ちゃんがいるので無理のないようにしてください。とりあえずそこへ行ってください」

それ以上の詳しい話はしてくれません。もっと突っ込んで聞こうとすると、「次の方」と先生は背中を向けました。

芽生には障がいがある。どうしていいか頭が混乱していました。

「大丈夫や。芽生は大丈夫や」

パパはそうやって励ましてくれましたが、タマは現実を受け入れることができず、芽生の寝顔を見ながら涙が止まりませんでした。

だれかに相談したくてたまりません。だれがいいだろう。ああそうだ。あの先生だ。タマの頭に浮かんだのは、脳梗塞を起こしたときにお世話になった中島医院の中島孝之先生でした。先生を訪ねて事情を話すと、先生は大きな声でタマに言いました。

「タマ、今はお前の動揺なんてどうでもいい。早くこの子のために動きなさい」

タマがぐずぐずしていたら、芽生の成長を促す機会を失ってしまいます。母親の不安なんか脇に置け！　目の前のわが子のために与えられた環境に飛び込んでいけ！　というお叱りでした。そのとおりです。嘆いても何も解決しません。現実を受け入れ、自分たちにできることから動いていくしかありません。それが芽生にとってもタマにとっても一番いいことなのです。

タマは、長く福祉施設で働き、たくさんの障がいをもつ方々を見てきました。彼らはたくさんの不自由を抱えていました。でも、決して不幸ではありません。タマ自身、彼らからどれだけ元気づけられたかわかりません。いろんなことを学ばせてもらいました。その実践の場が、いま与えられたのです。落ち込むことなど何もないのです。

中島先生の「喝！」で、タマはいつもの自分に戻ることができました。

市役所の職員を怒鳴りつける

悩みの日々からしばらくして二人目の赤ちゃんが生まれました。女の子。楓生《かえで》です。生まれるなり大声で泣いて手足を動かし、お乳を欲しがりました。芽生とはまるで違いました。

楓生が生まれたころ、発達外来の先生から芽生を保育園に入れようと言われ、近くの保育園に、申込書に記入して市役所に提出しました。しかし、何度申し込んでも「定員オーバー」という名目で断られます。

「ちょっとおかしいな」と思ったのは、タマより後に申し込んだ近所の子が、芽生を追い越して入園していくのがわかったときです。どういうこと？

タマは市役所へ乗り込みました。

対応する職員の態度がおかしい。障がいがあるので……モゴモゴ。職員の数が……モゴモゴ。すぐにはなかなか……モゴモゴ。要は、障がい児は受け入れられないということのようです。

「ブチッ！」

タマの頭の中で大きな音がした瞬間、爆風タマが表に飛び出しました。

「それならそれと言えや！　そんなことも説明せんで、ただ〝定員オーバー〟と書いた返信だけや。それで半年や！　この時間、どないしてくれるねん！」

フロア全体が凍りつくほどの剣幕で怒鳴りました。

「そんな仕事の仕方で、世の中に貢献していると言えるん？」

「ふざけるな！」

と若い職員ににじり寄りました。このままでは帰れません。

「今すぐに、芽生を受け入れてくれる保育園をすべて書き出してください。そうしてもらわない限り、私は帰りません！」

そう言って座り込みました。母は強し、タマも強しです。

窓口の若者は気まずそうに奥へ姿を消し、しばらくして1枚の紙をもって現われました。紙には、6つの保育園の名前と連絡先が書かれていました。わが家からはかなりの距離ですが、職員がそろっているので受け入れられるかもしれないとのこと。やればできるではないか、若者よ。

「ここまでして、初めて仕事をしたって言えるんや。覚えとけ！」

捨て台詞を吐いて、タマは紙を受け取りました。

その夜、電話がかかってきました。だれからかと思いきや、窓口のあの若い男性からでした。

「夜分にすいません。これはぼく個人の責任で電話をさせていただいています。今日は、本当に申し訳ありませんでした。それと同時に、ぼくの人生においてもとても大切なことを教えてもらえた日でもありました。ぼく、ちゃんと仕事ができるように生きたいと思います。本当にありがとうございました」

こんな電話をしてくるとは、見どころのある若者です。タマは、芽生のためにブチ切れたのですが、若者はそんなタマから「大切なことを教えてもらった」と言っています。彼の成長に役立つことができた？　怒鳴ったのはタマですが、芽生がいなければ、あの若者を怒鳴りつけるようなことはしません。ということは、芽生が一人の若者の人生に大きな影響を与えたのです。タマはうれしくなりました。

悔し涙、喜びの涙の保育園探し

それから保育園回りが始まりましたが、現実は厳しかった。どこも園長先生がていねいに説明をしてくれます。ここでお世話になりたいと思っても、芽生に障がいがあることがわかると、「大変申し訳ないですが」と断られてしまうのです。

悲しみと怒り、情けなさが込み上げてきました。タマにはもう言い返す気力がありませんでした。「失礼します」と頭を下げ、芽生の手をグッと握りしめて帰りました。

どこにも居場所がない。もうどうでもいいや。元気が出ません。芽生の障がいがわかると、歯医者さんや耳鼻科の医院でも「うちでは、こういう子どもに対応していませんから」と言われていました。その心の傷が保育園回りによってさらにえぐられ、とどめを刺された感じです。

そんなタマの救いはパパです。パパは、保育園のリストを見ながら言いました。

「苦労をかけるけど、最後にこの保育園だけ行ってみてくれへんか」

その保育園は、そのころ住んでいた家から車で片道1時間もかかる柳生の里にあります。そんなところまで通えるとは思えません。

「ここには、おじいちゃんが残してくれた家がある。通うのは大変だけど、疲れたらその家で休むことができる。あきらめる前に、最後にここだけ行ってみてくれへんか？」

パパは真剣でした。もともと柳生の里はタマの母の故郷です。小さいころによく連れて行ってもらいました。でも、祖父が亡くなってからはだれもそこに住まず、古い家だけが残っていました。

気を取り直して柳生の里の保育園へ行きました。園長先生に、芽生には障がいがあることを話しました。断られるに違いない……と思っていました。これ以上、傷つくのはごめんです。断るなら最初から断ってほしいと、タマらしくないタマになっていました。

さて、どんなふうに断るのかと園長先生の反応を待っていると、思いもよらぬことが起こりました。園長先生がタマと芽生を両手でぎゅっと抱きしめたのです。

「お母さん、よく来てくださいました。ありがとうございます。芽生ちゃんをぜひ私たちに育てさせてください」

タマはどんな顔をしていたのでしょう。目の前にマリアさまが現われたような気持ちでした。

帰り道、車の運転ができなくなるほど涙があふれました。車を停め、「居場所があってよかったね」と芽生に声をかけ、涙をふいて出発です。また涙が出て、車を停める。一生の思い出に残る、柳生の里からの帰り道でした。

片道1時間かけての保育園通いが始まりました。芽生が保育園にいる間、タマは楓生と一緒におじいちゃんの古い家で過ごしていました。しかし、しばらく通っているうちに、早朝1時間の通園は芽生にとって大きな負担だったのでしょう。途中で発作を起こすことが多くなったのです。

通うのは大変です。でも、受け入れてくれるのはあの保育園しかありません。選択肢はひとつしかありません。

「引っ越ししよう」

パパに言いました。パパはびっくりしていましたが、決めたらすぐに動くのがタマです。買ったばかりのマンションを売って、タマ一家は柳生の里に引っ越しました。

柳生の里は剣豪の柳生十兵衛で有名なところです。近くに旧柳生藩家老屋敷もあります。見渡す限り自然に囲まれたすばらしいところです。車の音も聞こえない。朝は小鳥たちのさえずりで目を覚まし、夜はシーンとこわいほどの静寂。街灯やネオンが見当たらないので星空のきれいなこと。満月の夜には、あたりが神々しく光っています。都会で暮らす人たちにこの豊かさを分けてあげたい。

猿の群れがタマの家の横を走り過ぎていくことがあります。どこかの畑で作物を取って逃げるところでしょう。片手にスイカをもち、もう一方の手で赤ちゃんを抱えているお母さんもいます。取られた家には気の毒ですが、何だかほほえましくて、つくづくいいところだなとタマはうれしくなるのです。

しかし、生活には不便です。奈良市の中心部から車で約1時間。バスも走っていますが、2時間に1本くらい。一番近くのコンビニまで車で40分。子どもたちはたまにコンビニへ行くと、都会の空気を感じるのか、大喜びです。

不便なところだと、助け合いの精神が育ちます。近所のおばあちゃんが「タマちゃん、今日の晩御飯にしなさい」と採りたての野菜をもってきてくれます。雨が降ると、洗濯物を取り入れてくれたりもします。

パパがうつ。生活保護に

柳生の里に越してすぐに3人目の子どもを授かりました。長男の登翔《とわ》です。登翔は5カ月のときに大腸に異常があることがわかって手術をしました。小さい体なのに全身麻酔で眠らされて4時間の手術。よくがんばりました。成長してから文字が覚えられないという発達障がいがあることがわかりました。腸と脳は深い関係があると言われています。ひょっとして腸の手術が脳に影響を与えたのかもしれません。

そのころわが家はお金がなかったので、自分で作れるものは何でも作りました。子どもたちの人形やおもちゃも手作り。それでも自然の中での生活は、とても充実したものでした。

ところが、引っ越しのしわ寄せはパパに及びました。大変だったのは通勤。片道３時間。朝早くに家を出て深夜帰宅。そんな状態が続けば体がもちません。倒れてしまってはいけないと転職を考えました。ちょうどタイミング良く、家の近くにあった福祉施設が職員を募集していました。大好きなアパレルの仕事でしたが、パパは自分の体と家庭を守るために、その福祉施設に転職しました。

そのころからです、タマは自分がしっかりと働かないといけないという予感がしていました。タマの予感はよく当たります。

案の定、物事はその方向にどんどん進み、それも次々に試練がやってくるという形で現実化していきました。

まず起こったのはパパの異変でした。登翔の発達障がいの相談で病院へ行ったとき、ついでにパパも診察を受けました。そのときに「アスペルガー症候群で間違いないでしょう」と言われ、翌日からパパは、どんよりと黒い雲に覆われ、すっかり気力をなくしていました。

暗い顔でパパはこう話しました。

「夜、寝床につくと、ネガティブな思いが次々と襲ってきたんや」

子どものころからアスペルガーではないかと感じていたようですが、診察という形で医師からはっきりと告げられたことがショックだったのです。

「自分がアスペルガーだったから、子どもたちに障がいが出たのではないだろうか」

一晩中、自分を責め続けたようです。

タマもそうでしたが、障がい児が生まれると、特に母親は自分を責めます。自分のせいで子どもが障がいを負うことになったのではないか。妊娠したとき、食生活に気をつけなかったし、ストレスも多かったし、あれが原因だったのではないだろうか。ごめんね、ごめんね。元気な子に産んであげられなくてごめんね。ささいなことも気になり、後悔と自己嫌悪で頭を抱えてしまうのです。

パパは予想以上に重症で、とても仕事に行けそうもありません。別の発達外来へ行くと、はっきり「うつ」と診断されました。しばらく仕事は無理です。職場へ相談に行くと、「自主退社にしてくれないか」というまさかの言葉。あんなにがんばって働いていたのに、悔しくてたまりません。職場の対応に納得できないので、弁護士さんに相談に行きました。タマも納得できず戦う気満々でした。

カッカするタマの相談に乗ってくれたのは、すてきな女性の弁護士さんでした。

「もっと冷静に考えてみましょう」

やさしく諭してくれました。一所懸命に働いていたパパの気持ちを考えるとついつい戦いモードになっていたタマも、弁護士さんの温かな態度と物言いに冷静さを取り戻すことができました。

「提案ですが、一度、白旗をあげてはどうですか？」

白旗？　何のことでしょう。きょとんとしていると、弁護士さんはていねいに説明してくれました。

「生活保護を申請し、半年もしくは1年、奥さまも無理をしないで旦那さまと一緒にゆっくりと暮らす中で、赤ちゃんを育てながら、今後のことを考えていく時間と考えてみてはどうでしょうか。そもそも今の状態だと、旦那さま一人での通院も困難ではないかと思いますので」

タマは弁護士さんの顔をじっと見つめました。生活保護？　ピンときませんでした。

そう言われて、落ちるところまで落ちたなと、正直なところ、ものすごく寂しく、みじめな気持ちになりました。でもパパが働けなくなり、小さな子どもたちを抱えてタマも動きがとれません。そんな現実を考えれば、今できる最善のことは生活保護しかないのかもしれません。寂しいとかみじめとか言っていられる場合ではないのです。

「どん底か。ここから再スタートしよう」

そう心を決めました。

生活保護の申請に許可が出ました。当面の間は、これで何とか暮らしていけます。しかし、いくら節約しても家族6人が生活するにはそれなりのお金がかかります。収入がないのですから、じわじわとお金が回らなくなってきました。これからどうなっていくのだろうと心細くなってきました。

そんなときです。

「いけない！」

大変なことに気づきました。電気代を払っていなかったのです。もう支払期限はぎりぎり。このままでは電気を止められてしまいます。でも、お金はありません。大ピンチです。わが家は、火事になったら大変だからとおじいちゃんがオール電化にしていました。電気が止まったら生活できなくなります。赤ちゃんもいるのに！

あわててパパの実家にＳＯＳです。しかし、生活保護を受けるまでの期間、さんざん援助してもらい、そのお金をまだ返していなかったので、「今回は自分たちで何とかしなさい」という返事。さてさてどうすればいい？　タマの運もここで尽きてしまうのかも。

これはつい2、3年ほど前のことです。このときの身がすくむ思いは、今でも生々しく残っています。そんなタマが、ここから起死回生の復活劇を見せることになります。復活どころではありません。収入ゼロ、生活保護で暮らしていたタマが、これまで経験したことがないほどのたくさんの収入を得ることになります。

といっても、がむしゃらにがんばったという話ではありません。

どん底の中でタマは決めました。ジタバタしても始まりません。大人になってからのタマは確かにおかしかったようです。常識や世間体を気にして、いい妻、いい母親になろうとしていました。でも、小さいころのタマはまるで「宇宙人」でした。このギャップはどういうことなのでしょう？　やっぱりタマは地球の常識の中で生きていてはいけないのです。酸素不足で、息が詰まっていました。タマは開き直りました。子どもだったころの不思議な女の子タマに戻ろう。

そう決心することで、どんどん人とお金が集まってきたのです。

タマらしく生きることで窮地を脱することができたのです。タマだからできたことではありません。だれもが、自分らしく生きれば豊かになれるようにこの世はできている、とタマは思っています。それが証拠に、タマの「魔法の教室」を受講した人たちが、自分らしく楽しく生きて、あらゆる面で豊かに暮らせるようになっています。

次章で、どんなふうにタマが本来のタマに帰っていったか。そして、だれもが本来の自分に帰って幸せに生きられる方法をお話しします。必ずうまくいきます。幸せになれます。

（第4章）タマらしく生きる

宇宙の5段階リズム

宇宙のリズムって聞いたことがありませんか。

たとえば、海の波が寄せては返すのは宇宙リズム。鳥のさえずりや川のせせらぎも宇宙のリズムです。地球の自転や公転、お日さまやお月さまの光にもリズムがあります。宇宙はリズムでできています。

そのリズムをいろいろな人がさまざまな表現で伝えていますが、タマが好きなのは、ガブリエル・ロスというニューヨークのアーティストが考案した「5《ファイブ》リズム」と呼ばれる、体を動かしながら深い意識に入る瞑想法です。

タマが習ったのはロスさんのお弟子さんのルシアさん。彼女は、5リズム創始者のガブリエル・ロスさんの息子ジョナサンの異母妹で、ネイティブアメリカンの聖地エサレンで生まれ、小さい頃から5リズムと共に育ったそうです。ルシアさんの踊りを見ていると、タマは女神さまを目の前で見ているような気持ちになります。優しくて強くて、美しい。ルシアさんの言葉はタマには分からないのに、なぜか心が震えるのです。

そんなルシアさんと5リズムに魅了されて、2017年6月、アメリカのカリフォルニアで行なわれた、5日間のワークショップに参加してきました。毎朝3時間踊って、午後からは２時間の瞑想という体験。運動音痴のタマが、毎朝３時間も踊り続けることができるなんて！

「踊ろう！」と思って踊るのではなく、体が動きたいように動かす。それを、自分の思考が許している……といった感じなのです。苦痛もなく、とても自由になれました。

こうしてカリフォルニアに行き、日本でのワークショップにも真面目に通いました。

タマは「赤点王」ですから、難解な書物は読めないし、気に入らないことはすぐ吐き気がして、続けられないのです。でも不思議なのは、好きなことなら本も読めますし、むさぼるように勉強もできます。タマの学習能力はやっぱりどこかヘンなのです。

ロスさん（tps://ravenrecording.com/collections/books/products/sweat-your-prayers-by-gabrielle-roth）によると、宇宙はすべて５つのリズムから成り立っていて、そのリズムに合わせて体を動かすことで、自分の体の声が聴けるというのです。

その宇宙の５つのリズムというのは、次のような動きです。

◎フローイング（流れる水が円を描くような、ゆったりした動き）

◎スタッカート（ビートのきいた、はっきりした力強い動き）

◎カオス（体を動きたいように動かし、たまった余分なエネルギーを手放していく）

◎リリカル（カオスによって余分なエネルギーが放出され、体が軽くなった状態）

◎スティルネス（リリカルによって解放された動きがだんだん内側に向かい、最後にはもっとも深い自分と結びつく）

それぞれのリズムに合わせた動きをしながら瞑想するのです。

一人ひとりの人生も宇宙のリズムに沿って流れています。

タマのこれまでの生き方を振り返ってみると、「うん、これは確かに当てはまる」と納得できます。

小さなころ、精霊や動物、物、それに「宇宙のお母さん」と話していたタマは、常識や世間体に惑わされず、自由に生きていました。自然のままでした。宇宙のリズムで言えば、「フローイング」です。

中学生のころから20代前半にかけては、タマがイニシアティブをとっていたような気がします。大阪ミナミのダンスバーで朝まで踊り狂い、たくさんの恋愛をし、介護の世界でも独特の発想でまわりを巻き込んできました。「スタッカート」の力強い時期でした。

そこから「カオス」に入ります。カオスは混沌という意味です。タマはほんのちょっと前まで、洗濯機の中でぐるぐる回っているような、まさに混沌の中にいました。カオスでは余分なエネルギーが放出されます。自然に生きているつもりでも、いつの間にか常識や世間体に縛られ、本来の自分ではなくなってしまいます。だから、何をやってもうまくいきません。それを洗濯してきれいにするときがカオスなのです。この時期があってやっと本当の自分が姿を現わすのだ、とタマは思うのです。

タマにとっては今が「リリカル」だと思います。余分なエネルギーを手放したことで、タマは本当に身軽になりました。自分にぴったりで、大好きな仕事に出会いました。月に5日働くだけで、考えられないような収入も入るようになりました。余った時間は、柳生の里で家族や動物たちと自然を楽しみながらのんびり暮らしています。すてきな人たちとの出会いも多くなりました。

次の段階として「スティルネス」が待っています。つまり、もっと深い自分、自分の本質に近づいていくのだと思います。物質的にも精神的にも豊かになりましたが、タマにはまだやりたいことがあって、今はそこに向かって動いているところです。最近、導かれるようにあちこちへ行かされています。行く先々に共通点があって、スティルネスへの準備が進んでいるように感じているところです。

そこで終わりではありません。らせん状にぐるぐる回って、またフローイングに戻ります。季節の巡りと同じです。春、夏、秋、冬をへて、また春になる。去年の春と今年の春とでは、同じ春でも、自分も変化していますから、違う春を味わいます。

そうやって人は成長していくのではないでしょうか。

タマは思うのです。このリズムは絶対的なもので、フローイングはタマにとって、とても自然でした。のんびり、ゆったり流れていました。スタッカートも、あれはあれで必然だったと思います。カオスは強烈だから嫌だと言っても、どうしてもこのステージを体験せざるを得ないのではないでしょうか。夏は暑いから嫌いだと言っても、逃げられないのと同じです。涼しいところで過ごすという方法もありますが、せっかくの夏ですから、暑い日々を楽しんでみたらどうかとタマは思っています。カオスが苦しくても逃げないでしっかり味わうことです。そこはそこでたくさんの学びがあって、次のリリカルの段階で、それが生きてきます。タマはけっこう厳しいカオスを体験して、今、そういったことに気づき、リリカルを楽しんでいるところです。スティルネスはどんな展開になるのでしょう、タマは期待しているところです。

祈りで極貧から脱出

5つのリズムのことは理屈ではよくわかるのですが、実際、カオスの中にいたころのタマは、「もうやめて〜」と悲鳴を上げ、逃げ出す寸前でした。

お金がなくなり、電気代が払えない状況になったというところまでお話ししました。

このころは、ポストを開けると督促状の山。

「これからどうなっていくの？」

怖くて眠れない夜もたくさんありました。夜中、廊下にぺたんと座り、泣いていたこともありました。お金を貸してくれる人もなく、打つ手はまったくありませんでした。

こんなときにやれることはただひとつ。祈るだけでした。

祈り方などわかりませんが、漠然と「お願いします」「助けてください」と唱えるのでは効果がないように思いました。「祈りはなるべく具体的に」と聞いたこともあります。

だからこんなふうに祈りました。

「タマが今まで生きてきた中で培ったもの、経験したこと、人から与えてもらったこと、そしてタマの知識や知恵、それだけでなく、タマの魂が記憶しているもの、それもこれもあらゆる力を統合させて、形として産み出せるものがあるのであれば、今ここに、それらを現わしてください」

目を閉じて、手を合わせて、真剣に祈りました。「ワラをもつかむ」思いでした。

すると何だかそわそわしてきて、手を動かしたくなりました。ボールペンをもち、目の前に置いてあったＢ５のコピー用紙に、文章を書き始めました。不思議な感覚でした。

考えて書くのではなく、インスピレーションで感じたことを、コピー用紙にひたすら書き写したのです。すらすら文章が進み、気がついたら7枚になっていました。

書き終わり、その内容を見てうれしくなりました。これまでタマが学んだこと、経験したことが、とてもわかりやすくまとめられていたからです。タマの力だけでは、こんなにうまくまとまるはずがありません。それまでも、先行きの不安に襲われるたびに、思いついたこと、やりたいことを文章にして、その枚数は何百枚にもなると思いますが、なかなかうまくまとまらず、自己嫌悪に陥ることもたびたびでした。

なのに今回は、こんなにもすらすら書けて、言いたいことが見事にまとまっています。

「祈りが通じた。大きな力が助けてくれたに違いない」

実感でした。小さいころ「気の塊」を教えてくれた宇宙のお母さんを、タマは思い出しました。

7枚の文章は宇宙からの贈り物です。祈りが通じて、タマのこれまでの経験や知恵を形にしてくれたのです。これをどのように使ったらピンチから抜け出せるのでしょうか。

タマは書いたばかりの文章を何度も読み返しました。

顕在意識と潜在意識という二つの意味とそれぞれの役割について、タマなりの大まかな理解と、それを擬人化した文章です。結局は、自分を愛するということの大切さを具体的にお伝えする内容になっています。

タマが勉強してきた「ヒプノセラピーとはどういうものなのか」についても、また、セルフで行なうことで「内なる小さな私」とつながることもちゃんとあります。

過去、現在、未来の私と時空を超えてつながり合い、共に現実創造していくこと。それらを日常、どう活かしていくかという具体的な方法まで。

タマが伝えたかったすべてがここに書かれていました。

「これをテキストにしてセミナーをやろう」

人に伝える価値のある内容だと思いました。

不思議なことに、「うまくいく」という自信のようなものが湧き上がってきました。

「私たちの中には魔法のような力があって、その力を使うことで現実を変えることができる」

魔法の力だ、やっぱりこれを伝えていこう。

タマが子どものころ当たり前のように使っていた力。それが人生を変える。タマの人生も、タマのこの講座を受けてくれる人の人生も。

タマの話を、何十人もの方が喜んで聞いている姿が浮かんできました。どんどんイメージが広がっていきます。講座の名前はどうしたらいいでしょう？　魔法の力で現実を変える『オズの魔法使い』もそういう内容でした。タマが大好きな物語。魔法、魔法、魔法……決まった。「魔法の教室」にしよう。

フェイスブックに、「魔法の教室を開催します」と書いて投稿しました。以前にも潜在意識のセミナーをやろうとフェイスブックで告知したことがありました。でも、そのときは一人の申し込みもありませんでした。

今度は反応が違います。すぐ10人からの申し込み。「バンザイ！」と叫びたくなりました。会費は１万円。先払いですから、近日中に10万円が入金されるはずです。このときのわが家の預金通帳は、講座用の部屋代１万円を支払うと、残金が１８００円でした。電気代の請求額が３万円ちょっとなのに。

「これで電気代が払える」

ほっとしました。嘘みたいでしょう？　でも本当の話です。

翌週も講座を開催することにしてフェイスブックに告知しました。するとすぐに15人の申し込みがありました。さらに次の週も……。満員御礼です。信じられない展開です。講座を受けた方が、「魔法の教室」のことをＳＮＳで拡散してくれたので、参加したい人がどんどん増えました。

翌月には、１００人もの方からお申し込みがありました。

祈りの力のすごさを見せられました。

また収入ゼロに

「もう、これで大丈夫」

タマは安心しました。

ところが……タマの人生、なんて起伏が多いのでしょう。また谷底に突き落とされたのです。

「幸せを口にする。それは自分に感謝し、自分を喜ばせることだから、ますます幸せになれる」

タマはそう信じていました。だから、積極的に自分の幸せをＳＮＳで発信しました。

「講座は満員御礼です」

「たくさんの受講生から喜びの声をいただきました」

「タマのファンが増えています」

「月収が１００万円を越えました」

「出張ですてきな高級ホテルに泊まりました」

「パパとはこんなに仲良しです」

写真付きでいかに自分が幸せかを投稿したのです。すると、想像をはるかに超えた反感のコメントが書き込まれました。罵詈雑言《ばりぞうごん》の嵐です。

「母親のくせに、子どもを旦那に任せて出張？　高級ホテルに泊まる？　バカじゃないか？」

「人がしたくてもできないでいることを、できたと投稿することで優越感に浸りたいのか？」

「くたばれ！」

なんていうのもありました。頭がくらくらしてきて、読むのが嫌になりました。

でも、これだけ嫌われるということは、逆に好きになってくれる人も同じだけいるはずです。そう信じることで、自分を奮い立たせました。

反感のコメントには何とか耐えられましたが、その後、もっと恐ろしいことが起こりました。タマの人気が上昇するにつれて、仲間だと信じていた人に嫉妬され、裏切られたのです。

「魔法の教室」はおよそ10カ月で６００人を越える人が受講してくれました。新たに自分で講座を開くことができる「講師コース」を設けると、その受講生がほぼ50人。ところがその講師の数人が手を組んで、「魔法の教室」の受講生さんたちに、ありもしない噂を吹き込んで、タマへの不信感を募らせようとしたのです。タマの評判を落として、自分たちのところへ受講生を誘導したかったようです。

参りました。タマのノウハウの何もかもをお伝えしたのに、どうして？　善意なんてないのでしょうか？　タマがバカだったのでしょうか？　悔しくて苦しくて、タマは悶々としました。

「こんなにもつらい思いをしなければならないのはなぜだろう？　タマは間違ったことをしたの？」

自分が信じられなくなりました。極度の貧血やめまい。とても講座など開けません。精神的にすっかり参って、家に引きこもってしまいました。

収入はまたゼロ。それがフリーランスのつらいところ。働かないとお金になりません。貯金が減り、みるみる底をついてもタマは立ち直ることができませんでした。

「もうやめたほうがいいかもしれない」

弱気になって、何度もパパに相談しました。

パパは、ああしろこうしろと一切言わず、黙ってタマの話を聞いていました。事態がどう動くにしろタマの気持ちを優先させると決めたみたいです。あのときパパが寄り添ってくれたからこそ今のタマがあるのだ、と感謝しています。

いろいろ考え、さんざん悩み、タマはやっと気づきました。

「そうか、これはお試しなんや」

それでもやる？　覚悟はある？　とタマは問いかけられていたのです。

「やる！」と決めました。でも、今は動けない。お金はどうする？　借りられる限度まで借金をする。そして、底をつくまでに、絶対に復活する！

そう心を決めると、ふつふつとやる気が湧いてきました。

結局、復活するまでに約10カ月。借金は６００万円にのぼりました。

またまた祈りで道が開けた。バリ島へ

タマ、動けない。お金もない。借金ばかり増えます。でも「やる」と決めました。

「今、できることは何？」

行き詰まると、タマは自分に質問します。

そんな答えが返ってきました。督促状が山のようにやってきたときのことを思い出しました。「祈り」にはすごいパワーがあることはよくわかっていました。

「祈るといいよ」

今回の祈りはこんな感じでした。２０１７年の10月20日。新月でした。新月の日にお

祈りをすると、願いが叶うとよく言われます。

「神さま、もしタマがしていることが愛から外れたものではないなら、一本の道を見せてください。今のタマは進むべき道や方法が見いだせないでいます。目が覚めたらダイレクトな形でメッセージをください」

そうお願いをして昼寝をしました。

目が覚めると同時に携帯が鳴りました。東京にいる女友だちからあわてている口調です。

「どうしたの？　何かあったの？」

タマのほうが冷静でした。

「実はバリ島から電話があって……」

「バリ島？　どんな電話だったの？」

少し落ち着いた様子で、彼女はひと言ひと言を選ぶようにして、タマにもわかるように話をしてくれました。話を聞きながら、膝ががくがく、頭がくらくらするのがわかりました。思わぬ方向に話が動き出して、言葉が出なくなってしまいました。「ダイレクトな形で……」という祈りの効果がこんなにも早いとは！

友だちは1カ月前にバリへ行き、著名なシャーマンと知り合いました。そのシャーマンから現地の日本人を通して連絡があったと言っています。シャーマンは、時空を超えてさまざまなことを感じられる人でした。

「あなたの部屋の壁に気になる絵が飾ってある」

シャーマンは彼女の部屋に絵が飾ってあることを透視し、その絵に意識をフォーカスすることで、重大なメッセージをキャッチしたようです。

「成功するから来なさい」

それが、その絵を描いた画家に伝えるメッセージだと言うのです。

画家って？

タマでした。タマは昼寝の前に、「目が覚めたらダイレクトな形でメッセージをください」とお願いしました。そこへこの電話。あまりにもドンピシャ。タマの膝ががくがくしていました。

「行ってみたい！」

気持ちがぐいぐい引っ張られました。

「お金もないし、海外なんて結婚してから行ってない。行きたいけど無理……」

潜在意識の勉強はしていましたが、「でも現実は……」という行動させまいとするパワーは想像以上に強く、タマは半分以上あきらめていました。

シャーマンが「気になる」とおっしゃったタマの絵。インスピレーションだけで描きました。

だけどうしてもバリ島が気になります。あきらめ切れません。こういうときは信頼できる人に相談するに限ります。だれに相談しようかと迷っていると、タマの頭にレンタルスペース「ソルトバレー」を運営する塩谷一社長の顔が浮かびました。「魔法の教室」を始めてからずっとお世話になっている頼もしい方です。この方も即決型で、ずばっと本質に切り込んでくるタイプです。バリに誘われている経緯をお話しすると、すぐに答えをくださいました。

「タマ、人生には借金してでも行くだけの価値のある旅というのがあるかもしれんな」

うーん、深いひと言です。決心がつきました。バリへ行くぞ！　タマのお腹のあたりで、もう一人のタマが「イエース！」とVサインをするのを感じました。

バリ島のシャーマンに言われたこと

行く決心はしましたが、肝心の旅費がありません。しかし、行くと決めたら、講座を再開する元気が出てきました。

「『魔法の教室』始めます」

以前のようにフェイスブックで告知をすると、少しずつ参加者が集まり、旅費ができました。バリ行きの話がなければ、グズグズしていて講座を再開する気にはなれなかったでしょう。バリのシャーマンのひと言によって、タマのやる気スイッチはオンになりました。

バリを訪ねたのは２０１８年2月でした。2月だというのに、もう暑くて暑くて、じっとしていても汗が出てくるような南国で、一体何が起こるのでしょう。タマはワクワクしていました。空港で待ち合わせした日本人女性の案内で、さっそくシャーマンに会いに行きました。クタという地域にシャーマンの家はありました。

「地元ではとても有名な方です」

と教えてくれました。タマのワクワク感は高まっていました。タマがバリへ来ることになったいきさつ、シャーマンのメッセージ。なにかすごいことが起こりそうな気配が高まっています。

シャーマンの家へ着きました。さていよいよです。タマの期待は最高潮に達していました。ところがだれもいません。連絡はついているはずです。困った。今日明日を逃すと、スケジュール上、もう会うチャンスがありません。

「せっかく来たのに会えなかったらどうしよう。すごいことが台無しになってしまう」

焦りました。焦っても仕方のないことです。ここはどっしり構えようと、その日はホテルへ帰り、翌日ギリギリまで待つことにしました。

翌日。昼も過ぎたのに連絡がとれません。もうダメ。さすがのタマもあきらめました。期待が大きかった分、深いところまで落ち込んでしまいます。そのときです。

「これからシャーマンのお宅へ行きましょう」とうれしい連絡が入りました。一所懸命に探してくれたらしく、電話の声は上ずっています。タマはホテルでピョンピョン飛び上がって喜びました。

シャーマンの家へ着くと、庭先にある客間へ案内されました。待ちに待ったシャーマンさまとのご対面です。偉い人だと聞いていたので、神主さんみたいなすごい格好をした人が出てくるのではと緊張していたのですが、意外や意外、「I ♡《ラブ》 JAKARTA」と胸に書かれた派手なTシャツを着た小太りの普通のおっちゃん（失礼）。こんな人はタマのまわりにもたくさんいます。何となく安心して、おかげさまで、リラックスして楽しくお話ができました。

しばらく雑談して、神さまを降ろす儀式へ入りました。神さまの声を聴くときは、インドネシア語ではなくバリ語だそうです。案内人の彼女はバリ語ができないので、彼女の旦那さまが通訳をしてくれました。「いよいよだ」と、さすがに緊張が走ります。

シャーマンさまからいきなり、こんな質問が飛んできました。

「どうしてそんなにネガティブなエネルギーに包まれているの？」

「ん？　えっ？」

何も答えられません。シャーマンさまは続けました。

「本来なら、あなたは天真爛漫な子どものようなエネルギーを発しているはずだが、どうしてそんな要らないエネルギーをまとっているの？」

「……」

タマが無言のままでいると、シャーマンさまは座っているタマの肩に手を置き、次にその手をタマの頭の上に乗せ、ゴリゴリびっくりするような強い力を加えました。驚いて声を上げると、シャーマンさまは笑いながら「まだまだ」と言って、背中からお腹に向けてさらにゴリゴリ力を入れるのです。そうして、何かを吸いこんでは吐くという動作を繰り返すのです。

「……これで何とかエネルギーは戻せたから」

ただただびっくりしていましたが、しばらく冷静になって見つめると、すごくやさしいエネルギーに包まれて、とても落ち着いた気持ちになっています。

「では、神さまの部屋に行きなさい」

客間の奥にある特別な部屋へ案内されました。

とても懐かしいにおいがします。小さいころの記憶のどこかに、そのにおいがしまわれているように感じました。

「神さまが、かわいい、かわいいと言ってくださっているのを感じるだろう?」

シャーマンさまの低い声がタマの体に響きます。なるほど、そのとおりです。タマのことを、懐かしい、愛しい、かわいいと想ってくださっている神さまを感じました。

「何でもお願いするといいよ。神さまは叶えてあげたくて仕方ないのだから」

うれしくなりました。そうなんだ……こうやってタマはずっと守られて生きてきたんだ、というそんな想いが、深いところから湧いてきました。

いろいろなことが頭を巡っています。頭で考えるというより、内側から感情があふれてくるようです。言葉でも、イメージでもありません。音でも形でもないのですが、何かが伝わってきます。あれが、ひょっとして神さまからのメッセージ。

うまく言葉にできないのですが、神さまの部屋での体験から、タマはこんなことに気づきました。

「そうか。バリ島の人たちは、どんなことが起ころうが、すべてのことは神さまが自分のために与えてくれたことだからありがたい、と考えるんだ。なのにタマは、会えたら良くて、会えなかったら損……と考えていた。だからシャーマンさまが留守だとがっかりし、連絡が取れないとやきもきしてしていたんだ。スケジュールのことで頭がいっぱいで、シャーマンさまに会えなかったらバリまでやってきた時間や旅費が損だと、勝手にカッカしていたんだ。

会えても会えなくても、それは神さまが与えてくれたことと考えれば、落ち込むことも、やきもきすることもなかったはず……。

タマがホテルにいる間、知人は一所懸命にシャーマンさまに連絡をし、旦那さままで巻き込んで通訳をしてくれたこと。そのことへの感謝も忘れていた。なんてタマはバカだったのでしょう」

タマにとって、もっとも大切な気づきだったのだと思います。

「何でもお願いしなさい。神さまは叶えてあげたくて仕方ないのだから」

シャーマンさまの声が心の中で繰り返されました。

「そうだ。タマはタマのままで、すべての願いが叶うんだ」

そのことを教えてくれたに違いありません。ありがたくて、うれしくて、もったいなくて、タマは爆発しそうでした。

バリで受け取ったギフトは次の３つでした。
◎ネガティブなエネルギーなんて捨てなさい。
あなたは、本来、もっと天真爛漫なんだよ。

◎損得で物事を測らないこと。
◎今すでに与えられている、そのことに気づきなさい。

バリ島民と日本人の考え方の違い

どうやってシャーマンさまの家を出たのか覚えていません。タマの胸に深いものが響いていました。大きなハンマーでガツンと頭のてっぺんに衝撃をくらったような気分です。

そうか……とわかったのは、この島の人たちは常に神さまとともに生きているんだ、ということです。それがタマの骨の髄まで届いたような感じです。なるほどそうかと旅を続けながら、バリの人たちにいろいろお尋ねしました。考え方を知りたかったからです。

「貯金はしていますか？」

「一般的には少ないですね。そもそも貯金ができるほど余裕のある生活をしている人はあまりいません。バリの人たちは、今、神さまがせっかく目の前においしい食事を出してくれているのに、どうしてこの先、それがなくなるかもしれないという不安に時を奪われなくてはいけないのかと考えます。日本人の考え方がおかしいと思います」

「リストラをされると、日本では大変なことになります」

こんな答えが返ってきました。

「それは、今までのステージを卒業したということではないのでしょうか」

おお、そうなんだ！　クビになって路頭に迷うのを悩むのではなく、それまでのステージを卒業して、新たなステージへ移行すると考える。次の職が見つかるまで、十分な祈りの時間が過ごせることだからとても幸せってこと……バリの人たちはそう考えているようです。これは見習わないといけません。

「うつ病を知っていますか？」

うつがどんな病気かを説明しながら、質問しました。

「何となく理解できるけど、バリではそんな病気になることはない。なぜかと言えば、そんな概念がないから」

概念がなければ、そのことは存在しません。

そうなのか！

概念という意識が現実を決めているのです。ないと思い込んでいれば、もうそこには存在しません。老人ホームで体験した認知症の人の思い込みと同じです。真冬なのに夏だと思い込んで、薄いノースリーブしか着ていないのに汗をかいていたおばあちゃん。

足の骨を折っているのに、折っていないと思い込んでスタスタ歩いていたおじいちゃん。思い込みが現実を作るのです。

日本人は、お金がなくなったら大変だと思い込んで貯金し、リストラされるのではないかという不安でビクビクし、病気になったら大変だからと保険に入り、予防のためにと高いサプリメントを飲んでいます。マイナスの概念をわざわざ作り上げて、それを現実化させてしまっているのです。常識にしばられてしまうと、そうなってしまうのです。

幼い子どものころは、タマは不安も恐怖もなく、流れに身を任せていました。赤ちゃんは、お母さんのお乳を飲みながら、次のお乳がないかもしれないと不安を抱くでしょうか。いいえ、そんなことはありません。それがいつの間にか、「学校へ行かないといけない」「いい成績をとらないといけない」「いい子でいないといけない」「大学へ行かないといけない」「就職しないといけない」「結婚しないといけない」と、自分で自分を枠に閉じ込めてしまいます。

タマはふーっと大きく深呼吸をしました。

「そんな世界から、自分を解放しよう」

そう誓いました。

「魔法の教室」では、「どうやったら人は自由になれるのか」を伝えていこうと決心しました。

「バリへ来たら成功するから来なさい」

シャーマンさまのメッセージは大当たりでした。

もう迷いません。

信じた道を歩きます。

もう大丈夫です。

そうやって、タマは「カオス」を抜け出しました。

得がたい体験でした。

ここを乗り越えられたら、次の段階に希望をもって進めます。

（第5章）潜在意識とヒプノセラピー

『マーフィーの法則』で潜在意識を知る

タマは20歳のとき、夜遊びがたたってヘルペス（帯状疱疹）になりました。最初脇腹にピリピリした痛みがあって、何だろうと思って見ると、水疱のようなものがありました。まあ放っておけば治るだろうとそのまま遊び回っていたところ、水疱が広がるにつれて、ピリピリだった痛みはズキズキ刺すような痛みに変わり、夜遊びどころではなくなりました。痛みが成長していく感じです。もう耐えられない。どうしようもないとなって病院へ行ったときには、お腹から背中を半周するくらいヘルペスが広がっていました。

先生もあきれ顔で「すぐに入院です」と。

いつも飛び回っていたタマにとって、入院生活は退屈で退屈で仕方ありません。面白いことはないかなと病院内をうろうろするのですが、タマの興味をそそるようなものは何ひとつありません。それでもじっとしていられず、小さな売店に入ってみると、なぜか足が本棚に向かい、一冊の本を手に取っていました。『マーフィーの法則』（アーサー・ブロック著　アスキー出版局）という本でした。

どうしたことでしょう？　気がつくと、本なんて手にしたこともないタマがその本を読んでいたのです。

人生には法則があって、その法則どおりに生きれば、どんな願いだって叶ってしまう……。うーん、夢のようなことが書かれています。そんな本を読むなんて生まれて初めてです。でもタマは面白くて、どんどんページが進んでいきました。入院でもしなければ、本など読むことはなかったと思います。本の中のいくつかの言葉が、タマになにか大切なことに気づかせてくれました。

「潜在意識？」

聞いたことがあるような、ないような言葉です。これがこの本のキーワードのようでした。

意識には「顕在意識」と「潜在意識」の２種類がある――とあります。顕在意識は普段の意識のことで、つまりあれこれ考える思考の部分ですね。他方、潜在意識は無意識とも言われるそうです。心や魂、感覚の部分のことのようです。

そりゃそうよね。タマだって日ごろ、いろいろなことを考えて行動しています。

「こんなことやったら非常識だと思われるかもしれないからやめておくわ」

「これをやったほうが得だわ」

「嫌だけど、今日は月曜日だから仕事をしないといけない」

「失敗しないように注意しなきゃ」

「ここで怒ってしまうと、誤解されちゃう」

とにかく何をするにも、まずは世間体や常識や損得を考えます。これが、思考の顕在意識で生きている人の特徴です。タマにだってわかります。ほとんどの人がそうじゃないかな。

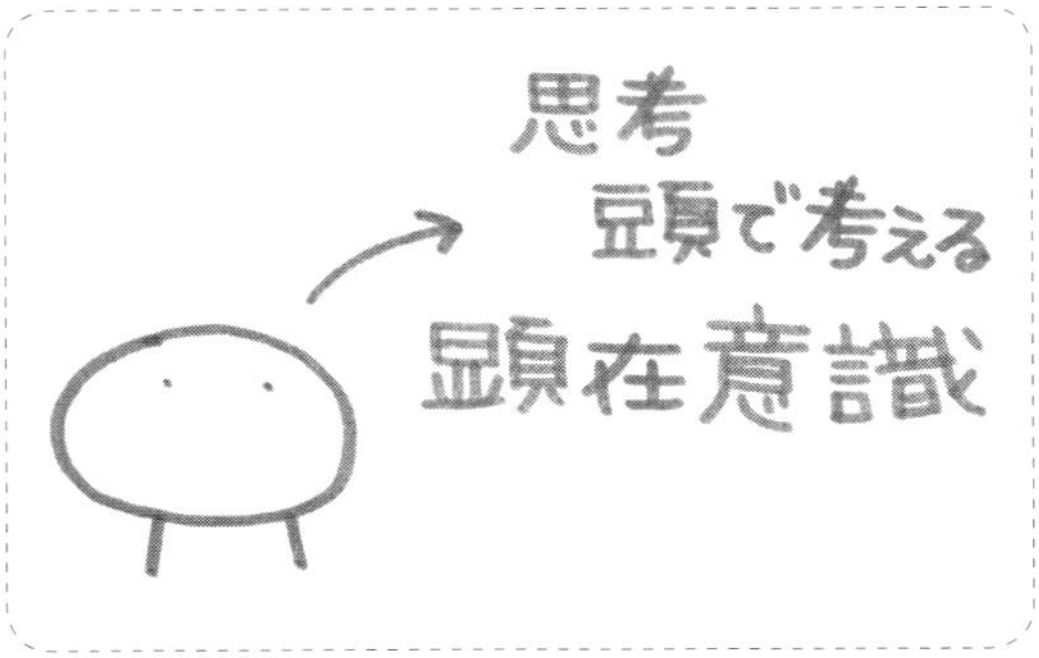

ところがこの本はこうも言います。人間の意識の中では、顕在意識というのは氷山の一角で、その奥には潜在意識という大きな力が働いていて、私たちはその影響をものすごく受けているそうです。潜在意識には顕在意識の100万倍の力があって、それをうまく使えば、とんでもないことが簡単にやってのけられると。
「うーん、どういうことだろう?」
これだけではよくわかりません。
たとえば人間の体。心臓はタマが意識しないでも勝手に動いています。

「心臓が動かないと死んじゃう。がんばって動かさないと」

そんなことを考えている人は一人もいないですよね。ほかの臓器だってそうだし、体温や呼吸も、意識しないでやっています。医学的に言うと、自律神経によってコントロールされているそうですが、これも潜在意識の働きのひとつだそうです。

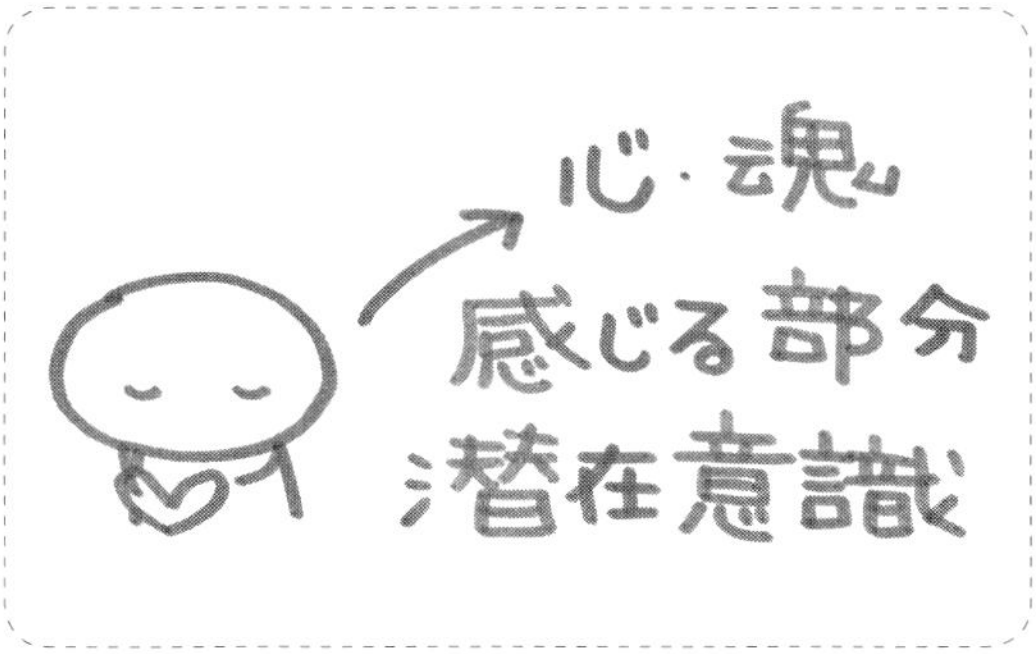

「へえー、なるほど」

考えなくても勝手に動くのが潜在意識の働きなのか。タマにも少しわかりました。

そう言えば、赤ちゃんは常識や世間体を考えず、欲望のままに生きています。お腹が空けば、夜中でも泣いてお乳を要求します。

「ママはぐっすり眠っているから、起こすのは悪いかな」

なんて考えたりしません。オムツが濡れたときも、

「今は忙しそうだから、あとでいいや」なんて気をつかいません。ママの状況などおかまいなしに、大声で泣いて知らせます。

赤ちゃんは、潜在意識とつながって行動しているから、

感情のままに動けるのだそうです。

「なるほど、なるほど」

潜在意識は思考ではなく、イメージの世界だという話もタマにはしっくりときました。女の子なら子どものころ、お人形遊びやおままごとをしたことがあるでしょう。

「ハイ、きれいなお洋服にお着替えしてお出かけしましょうね」

当たり前のようにお人形さんとお話をしていました。話しかければ人形はきちんと聞いてくれるし、人形の思っていることも子どもの心に届いていました。

「そうか、小さいころは潜在意識とつながって生きていたんだ」

何となくわかってきました。幼少期は潜在意識で生きているそうです。思ったとおり、感じたとおりに行動します。

ところが7歳くらいになると、顕在意識と潜在意識の間にフィルターができ、潜在意識がどんどん閉ざされて、顕在意識が強くなるそうです。潜在意識の世界だけでは、暮らしていけません。社会生活をするには、まわりの空気を読んだり、損得を考えたり、計算をしたり、社会のルールを知るなど、「考える」ことが大切です。思考で感情をコントロールしないといけないのです。それが顕在意識のお役目です。

「顕在意識って常識のことかな。自分がもっていた感情よりも常識を優先するってことかな」

タマの解釈です。そう考えると納得できることもあります。学校では勉強ができるかどうかがとても大切です。勉強は思考ですから、顕在意識の出番です。就職しても、感覚だけで話していると、「もっと論理的に話しなさい」と叱られます。学校には学校、会社には会社の常識があって、その中で生きないと、いろいろトラブルが起こって、生きにくくなります。

「タマの生きづらさはこのせいだったの？」

ちょっと納得しました。小学校のころのタマには精霊と話すような不思議な能力がありましたが、これは潜在意識の力だったに違いありません。不思議な力が人一倍強かったのは、ほかの子よりも潜在意識が自由に動いていたからかもしれません。

でも、潜在意識だけで大人の社会を生きるのは簡単ではありません。常識に縛られずに感じるままに生きていては、どうしてもまわりから浮いてしまいます。タマは20歳になっても、子どものときのように感じるまま生きていたのですから、社会や世間とはかみ合いませんでした。生きづらさはそれが原因だったかもしれません。

タマは世間体や常識よりも、自分の感情や感覚、価値観が最優先でした。恋愛でも好きになったらまっしぐらでした。顕在意識で生きている男の子たちはさぞや面食らったと思います。

中学生、高校生、そして社会人へと成長するにつれて、どうしてタマはまわりの人たちから理解されないのだろうとさみしく感じていました。『マーフィーの法則』には、そんなタマの悩みを解決する糸口があるように思いました。潜在意識のことを知れば、もっと自分のことがよくわかり、悩みから解放されて、人とうまくやっていけるのではないかと希望をもったのです。

それからはあの勉強嫌いのタマが、潜在意識の本を読み漁りました。有名なナポレオン・ヒルの『思考は現実化する』（きこ書房）をはじめ、成功本、『引き寄せの法則』シリーズ、『「潜在意識」を変えれば、すべてうまくいく』（アレクサンダー・ロイド著　SBクリエイティブ）など、潜在意識とあれば片っ端から読みました。あの赤点王のタマが、あれ以来の数年間で600冊以上の本に目を通しました。

でも正直、「これだ！」と納得できるものはありませんでした。何かが足りません。

「何だろう？　この違和感は？」

ずっと考えてきました。あるとき、「そうか」と思うことがありました。

多くの本には、人は顕在意識を中心に生きていると書かれていました。でも、行動や考え方、言葉の使い方を変えることで、無限の可能性のある潜在意識とつながり、思わぬ幸運に恵まれたり、事業で成功できたりすると言うのです。

タマはどうでしょう？　大人になっても子どものまま。つまり、ずっと潜在意識とつながっていたのだと思います。だから、常識の枠にはまらない生き方をしていました。１００万倍の力をもつ潜在能力と友だちだったのです。なのに、それが生かせませんでした。逆に、それが生きづらさの原因になりました。せっかくのすばらしい宝物が足かせになっていたのです。

「考え方を変えよう」

もっと自分を理解しようと思いました。

「タマはタマらしく潜在意識を語ろう」

自分の特徴を生かせばいいんだと気がつきました。これまでの経験を踏まえながら、タマらしい潜在意識とのかかわり方を探っていこうと決めました。その途中では、山ほどの失敗をしました。でも、動いていればいろいろとヒントがあり、失敗も宝物になります。そしてついに、バリ島での体験を通して、「タマはこれでいい」と確信がもてました。

タマは、このままでいいのです。

タマらしくなかったから苦しかった

「大人になってからのタマは、なぜ生きづらくなったのか」

だんだん見えてきました。

子どものころは自由気ままでした。思う存分不思議な力も発揮していました。しかし、学校に行くようになると、「ちょっと違うぞ」と感じるようになりました。自分の気持ちを押し殺して全体に合わせないといけません。顕在意識が鍛えられどんどん大きくなって、潜在意識との間のフィルターが厚くなります。

タマは、結婚して子どもが生まれ、子どもに障がいがあることがわかって、さらに極貧の生活をすることになり、「あ、これではいけない。常識を考えないと」と、どこかで自分を制約し始めました。ほとんどの人は、小学校のころに学ぶ課題です。でもタマは先生の言うことなんてほとんど聞かず、大人には理解不能な潜在意識の世界とどっぷりつながっていました。赤点も平気でした。あのころのタマに、常識が入り込む余地はありませんでした。

多くの人は、小学校のころから、自分らしくなく生きることを体験しています。すると、ずっと自分でない自分を生きていても平気でいられます。他人に合わせても、ちゃんと暮らせるのです。

「でも、タマは違っていたわ」

そう、タマはそうではありませんでした。大人になるまで、世間体を気にすることなんて思ってもいませんでした。いきなり、「世間に合わせなさい」という言葉が耳に入ってきて、「そうしなきゃいけない」と自分を抑えてしまったのです。体に合わないドレスを着せられて窮屈な思いをして生きてきたことに気づきました。もう少しで、常識という怪物に押しつぶされるギリギリのところでした。

しかし、苦しんだのも良かったと思っています。

不思議な宇宙人のような少女に始まり、奔放に生き、大人になって窮屈な生活をするというステップを踏みながら、たくさんの知恵をもらいました。そのおかげで、顕在意識と潜在意識のバランスがとても良くなったのだと思います。

その中で、「豊かに生きるにはどうしたらいいか」というノウハウを手に入れたのです。これを世の中に伝えていけば、たくさんの人が豊かに生きていけるはずです。タマが「魔法の教室」をスタートさせたのは、それをみんなに伝えていきたいと思ったからです。

ヒプノセラピーで潜在意識にアプローチ

潜在意識に興味をもったタマはその後まじめに「ヒプノセラピー（催眠療法）」を学びました。

たくさんの潜在意識の本を読んでみましたが、どうしたら潜在意識とつながれるのかという具体的な方法はあまり書かれていませんでした。それが知りたくて、本を読んだり、ネットで調べたりして一所懸命に探しました。

「これだ！」

ついにネットで発見したのが、「ヒプノセラピーで潜在意識にアプローチ！」という一文でした。タマの潜在意識がこの文章に会わせてくれたのだと思います。

タマはヒプノセラピーが何なのかもわからないまま、その講座に申し込みをしました。タマの直感です。それがヒプノセラピーとの出会いでした。以来、ヒプノセラピーはタマにはなくてはならないものとなりました。

ヒプノセラピーは、心理療法の一種として、病気や悩みなどの解決に使われています。ヒプノセラピスト（催眠療法士）と呼ばれる専門家の誘導で、クライアントさんの意識をふだんの意識よりもさらに深いところ（潜在意識）へと導き、悩みの原因にアプローチします。潜在意識にアプローチするには、日常の思考中心の顕在意識を少し休ませないといけません。

そのためにはまずはリラックスです。ヒプノセラピーは体も心もリラックスすることから始めます。リラックスすると、顕在意識と潜在意識を分けるフィルターが緩んで、潜在意識とつながりやすくなるからです。

リラックスできたら、ヒプノセラピストの誘導が始まります。静かに目をつむって自分の内面に意識を向かわせます。潜在意識というイメージの世界に入り込み、思い込みによって作られたイメージを書き換えます。

このセラピーのベースにある考え方は、「潜在意識が現実を作る」です。

習い始めのころ、「ヒプノセラピーは古代からあります」と聞かされてびっくりしました。いったい、何に使っていたのでしょう。

「昔は麻酔薬がありませんから手術をするとき、ヒプノで痛みを抑えていたのです」と教えてもらいました。ヒプノセラピーで潜在意識に「痛くない」と思い込ませると、現実も痛くなくなるということらしいのです。すぐには信じられませんでしたが、経験を重ねた今では、それくらいの力があるのではと思っています。骨折をしても歩き回っているおじいちゃんのお話をしましたが、「骨折なんかしていない」と強く思い込むことで、そんなすごい芸当ができたわけです。あれもヒプノセラピーの一種だと思います。

私たちは心の中にいろいろな問題を抱え、思い込みをもっています。それが、現実のトラブルを作り出しています。原因が潜在意識にあるとしたら、顕在意識の上だけで考えていては解決できません。ヒプノセラピーでは、原因のある潜在意識にアプローチして、そこにあるかもしれないネガティブなイメージを書き換えることで、現実の問題を解決しようとするのです。

たとえば、自分が人見知りだと思い込んでいる人は、潜在意識の中に人見知りの自分がイメージとして作り上げられています。「人は信用できない」「まわりの人は自分をだましたり、裏切ったりする」と思い込んでいるそんな自分がいるのです。その思い込みを書き換えることができれば現実を変えることができる、というのがヒプノセラピーの考え方です。潜在意識の中の自分を変えれば現実が変わるというわけです。

「じゃあ、どうして人見知りをする自分が潜在意識の中に住みついてしまったの？」

タマは疑問に思いました。

顕在意識で考えてもわかりません。催眠誘導をすると、原因となった出来事がビジョンとして浮かび上がってくることがよくあります。小さいころ、親に厳しくされたからかもしれません。友だち関係で嫌な思いをしたからかもしれません。

「では、どうやったら解決できるの？」

原因がわかったら、住みついていたそのイメージを和らげることができます、世の中にはいろいろな人がいて、みんながみんな嫌なやつではないし、心を開いて付き合える人もいるという……そんなイメージに書き換えればいいのです。そうすることで、まわりの人と楽しく語り合い、笑っている自分が潜在意識の中に住みつくようになり、あまり人見知りをしないという現実を作ることができます。

そんなことをタマは習いました。

ゾクゾクしていました。

ヒプノで見た前世の自分

初めてのヒプノセラピーの講座。話の一つひとつがとても新鮮で刺激的でした。

講座の中で、受講生がお互いに誘導し合う時間がありました。ヒプノでは、時空を超えていろいろな場所や時代に行くことができます。そのときは、前世の自分に会いに行く誘導でした。タマは目をつむってリラックスし、誘導に従って過去へ過去へとさかのぼっていきました。

「何が見えますか？」

誘導者が質問します。

「女の子が一人、崖のところに座っています。外国人の女の子です」

「ほかに何か見えるものがありますか？」

「崖の下に石造りのしっかりした家が見えます。その家から、大人二人と小さな子ども二人が兵隊に連れて行かれます」

その映像を見た瞬間、タマを激しい恐怖が襲いました。映像ばかりではなく感情があふれてくることがよくあります。

はっきりと見えました。兵隊たちは赤い腕章をしていて、そこには黒い鉤十字が。ナチスです。タマは、崖の上で震えているユダヤ人の女の子。家から連れ出されたのは父と母と弟と妹。タマの体はがくがく震えました。

あれがタマの前世だったのでしょうか？　もしそうなら、ユダヤ人の女の子としての体験は今のタマの人生にも何らかの影響があるはずです。

そんなことがあった少しあとのことです。

タマは本屋さんに行きました。そして、目をつむって、こんなふうに潜在意識に問いかけました。

「私が必要としている本があったら教えてください」

必要な本があれば、足がその本のほうへ向かったり、頭の中にその本が置いてある場所が浮かんだりします。タマは児童書のコーナーに引き寄せられて行きました。

「絵本なのかな？」

そう思っていると、気になる本が目に入り、それを手に取りました。

『テレジンの小さな画家たち』（野村路子著 偕成社）という児童書でした。読んでみてびっくりでした。テレジンというのはナチスドイツの収容所のひとつでした。多くのユダヤ人がここに収容され、厳しい労働をさせられた上、病気や飢え、暴行を受けて亡くなった場所で、拷問やガス室のあるアウシュビッツへ送還される通過点となるところです。この収容所でのことが本には書かれていました。もちろん実話です。

ここには、たくさんの子どもたちも収容されていて、フリードル先生という画家が子どもたちにこっそり絵を教えていました。収容所では絵を描くことは禁止ですから、見つかったらただちに処刑されます。それでも、彼女は子どもたちが希望をもてるようにと、命をかけて絵を教えたのです。戦後、トランクの中にしまわれていた子どもたちの絵が発見されました。４千枚もあったそうです。遊園地や花、犬、サーカス、そり遊び……。楽しい絵がたくさんありました。

催眠誘導で見たユダヤ人の女の子のことが気になっていたので、タマはむさぼるように一気に読みました。心が激しく揺さぶられ、涙があふれ出てきました。読み終えると、本を胸にぎゅっと抱きしめました。

この本を読んで、もうひとつ驚いたことがあります。フリードル先生は、心の中が恐怖や不安でいっぱいの子どもたちに、イメージの中で楽しい体験をさせたのです。まさに、それがヒプノセラピーでした。フリードル先生の誘導で、子どもたちは冷たく暗くつらい収容所から、家族や友だちと楽しく暮らす世界へイメージの旅をしたのです。そして、そこで見たもの、そこで心に描いたものを、はっきり描いたのではないでしょうか。

このときタマは、自分がヒプノセラピーを始めた理由がわかりました。今の世の中は物質的には豊かですが、精神面から見ると、収容所に閉じ込められているような不自由さに苦しんでいる人がたくさんいます。心ががんじがらめになってしまっているのです。心を病み、自殺する人があとを絶ちません。タマもあるときそんな状態でした。そういう人たちが少しでも楽になれるように、タマも役に立てるのではないでしょうか。そのために、ヒプノセラピーという方法が授けられたのではないでしょうか。そう思ったのです。それが、タマの前世かもしれないユダヤ人の女の子や、潜在意識が教えてくれた本からのメッセージだったのではないでしょうか。

タマは、本気でヒプノを勉強しようと決心しました。

脳をリラックスさせる

催眠療法は催眠術とは違います。テレビで、芸能人が催眠術にかけられて、催眠術師に操られ、「あなたは犬です」と言われ、「ワンワン」と鳴き出したりするのを見た人がいるかもしれません。催眠療法では、一切そういうことはありません。あくまで主体はクライアントにあって、催眠状態にあっても意識はしっかりしていますし、ヒプノセラピストは潜在意識とつながるまでの誘導をするだけで、イメージの書き換えはクライアント自身の意志で行ないます。

催眠状態は特別なものではありません。私たちは日常生活の中でときどき体験しています。仕事や趣味、家事に時間を忘れて没頭しているときは、催眠状態に入っている場合が多いようです。大好きな絵を描いていると、タマもそういう状態になることがあります。真っ白のキャンバスや画用紙をしばらく見つめ、「ここに、表現したい世界を見せて」と話しかけます。すると、真っ白な中に色が見えてきて、そこから夢中になって描きます。どういう絵になるのかもわからないまま、ひたすら筆を動かすのです。描きあがった絵は、タマもびっくりするような作品になります。脳が催眠状態になっているからです。

快適なドライブをしていると、脳はとてもリラックスし、催眠状態に近くなります。デートでドライブをすると心がオープンになるので、二人の距離はぐっと縮まります。ナビ頼りでは顕在意識が働きますので、催眠状態にはなりません。

映画を鑑賞しているときも催眠状態になりやすいと言われます。これを悪い面に利用したのがナチスドイツです。ヒトラーはある意図の下に映画を製作し、国民を洗脳しました。

お風呂の時間も催眠状態になるチャンスです。タマは忙しいときほどシャワーだけですませないで、ゆっくりお風呂に入ることにしています。

こういう自然催眠が、1日12～13回あるのが理想的だと言われています。しかし、忙しい中で暮らしていると、数回が精いっぱいです。これでは、なかなかリラックスできず、潜在意識にアクセスできません。

それを補うために、タマは自分でできる「セルフヒプノセラピー」を講座の中で伝えています。これを覚えれば、いつでもどこでも潜在意識とつながることができます。タマの誘導は、セミナーを受講した方に限って、ネットで聞けるようになっています。それを使って、空き時間にセルフヒプノセラピーをやることで、潜在意識ともっと仲良くなることができます。

セルフヒプノセラピーの実践

セルフヒプノセラピー（自己催眠療法）は、「魔法の教室」でも体験できますし、ＹｏｕＴｕｂｅにアクセスすれば、誘導を受けることができますので、自分でやってみてください。

「難しいんじゃないですか？」と、よく質問されます。

心配無用です。単に、脳を休ませると考えてください。ずっと働き続けている思考にも、たまにはのんびりしてもらいましょう。思考がリラックスすると、潜在意識と仲良くなれます。インスピレーションやひらめき、アイディアがぱっと出てくることもあります。思い込みが消えて、現実が変わることもあります。

副作用はありません。

リラックスできる服装、環境で行ないます。部屋をちょっと片付けて、明かりを少し暗くしてください。間接照明にしたほうが心が落ち着き、意識が内側に向きやすくなります。お香や精油を焚いて、心をリラックスさせるのもいいでしょう。歌詞のないヒーリングミュージックも効果的です。

準備が整ったら、椅子やソファに腰を下ろして、静かに目を閉じます。もちろん座ブトンでも布団でもかまいません。

そして、誘導が始まります。次のような順番でイメージをします。しっかりイメージしないといけないと思うと、なかなかリラックスできません。間違ってもかまいません。

①ゆっくりと呼吸をします。自分のペースで。
②いらないものを吐き出します。代わりにきれいな光のエネルギーをイメージして吸い込みます。
③頭皮のところに意識を置きます。光の手が頭をマッサージしているイメージ。頭の緊張がとけていきます。
④眉の力が抜けます。まぶたの力も抜けます。目の疲れがすーっと抜けます。ほっぺたの力が抜けます。唇の力も抜けていきます。あごの力も抜けていきます。顔全体がリラックスして心地のいい状態です。
⑤首に意識を向けます。首の疲れがすーっと抜けていくのをイメージします。どんどん首がしなやかになっていくのをイメージしてください。
⑥肩の力が抜けていきます。肩の筋肉の緊張を手放します。肩の疲れがスーッと流れ

ていくのをイメージします。

⑦肩の力が抜けると、両腕の力が抜けます。両腕の筋肉の緊張を手放し、ひじから手首、手首から指先にかけて、両腕の疲れがスーッと抜けていきます。

⑧胸に意識を置きます。固く閉じた胸の筋肉をゆるめて、胸の力を抜きます。その状態で呼吸をします。呼吸をするたびに、心が解放されていくのをイメージしてください。

⑨お腹に意識を置きます。お腹の緊張が解かれていくのをイメージしてください。呼吸が楽になっていきます。

⑩背中に意識を置きます。背骨から広がるろっ骨や筋肉、そして神経一本一本が光に癒されていきます。背中の疲れがスーッと流し出されます。

⑪次に腰です。腰の疲れが抜けていきます。腰の力も抜けていきます。すると股関節が少しゆるみます。

⑫お尻の筋肉の緊張を手放していきます。

⑬両足の力が抜けます。太ももの筋肉の緊張を手放していきます。ひざにたまった疲れがスーッと流し出されていきます。ふくらはぎの筋肉がどんどん緊張をゆるめていきます。足全体の疲れが、足首を通り、指先を抜けて、大地へ流れ出ていくのを

イメージしてください。とても心地のいい状態です。
⑭ゆっくりと呼吸をします。いらないエネルギーを吐き出します。
⑮そして、きれいで神聖な光の粒子を吸い込みます。
⑯きれいな光の粒子が体内へ入っていきます。そして大切な臓器の一つひとつを光で癒してくれるのをイメージしてください。とても心地いい状態です。

ここから数を読み下ろします。ふだんの意識がリラックスし、潜在意識とつながる準備ができました。

「10、9、8、7………2、1、0」

⑰今、自分はどんな場所に足を置いていますか？
土の上でしょうか？　それとも草原でしょうか？
きれいな砂浜の上かもしれないし、レンガやタイルの上かもしれません。
靴ははいていますか？　はだしでしょうか？
イメージして、それを感じてみてください。
まわりの景色はどうでしょうか？

うまくイメージできなくても大丈夫。深い意識の中にいると思って、深呼吸してください。ここは潜在意識の中。イメージの世界を楽しむ領域です。

はじめはじょうずにできなくても、トライするうちにできるようになります。あせらず、自由にイメージを楽しみましょう。

イメージが楽しめたら、今度はゆっくり数を読み上げていきます。

すると、とても気持ち良く、ふだんの意識に帰ることができます。

「1、2、3………8、9、10」

ゆっくり目を開けます。

はい、これで終りです。

（カバーのプロフィールにあるＱＲコードにアクセスすれば、この誘導を有料で受けることができます）。


簡単です。

まずは頭のてっぺんからつま先までをリラックスさせます。

そうすると潜在意識とつながりやすくなりますので、潜在意識の中の自分がどういうところにいて、どんな景色を感じているか。イメージの世界で遊びます。楽しむことが大切です。

一所懸命にビジョンを見ようとする必要はありません。最初は、何も見えない、感じない、という人もたくさんいます。見えない、感じないという人でも催眠状態に入っていますので安心してください。何度かやって慣れれば、さまざまなビジョンを見たり、何かを感じられるようになります。

「魔法の教室」では、タマの体験をもとに、セルフヒプノセラピーなどを使いながら、自分自身の潜在意識にアクセスする方法を身につけます。

そして、自分を大切にして、夢を叶え、人生をより豊かにするための知識と知恵を学びます。始まったときと終わったときとでは、みなさんの顔つきがすっかり変わっています。潜在意識とつながると、人は間違いなく幸せを感じます。

準備するだけでも状況は変わる

顕在意識は思考です。

潜在意識はイメージの世界です。

大人になると、顕在意識と潜在意識の間は強固なフィルターで遮断され、ほとんどの人が顕在意識に従って生きるようになります。潜在意識は本心と言ってもいいでしょう。

セミナー会場の壁にマスキングテープで書かれた絵。
それに合わせてたタマが動きます。

あなたの本心は、こうしたい、ああしたいといつもメッセージを発しています。突拍子もないことがひらめいたり、こんなことがしたいとふと感じることがあったら、潜在意識からのメッセージだと思ってください。

たとえば、ふと「ハワイへ行きたい」と思ったとします。

どうしますか？　すぐに飛行機のチケットを手配して、翌日にはハワイへ行っているという人はあまりいないでしょう。

人はいろいろなことを考えます。

「仕事があって行けるはずがない」

「お金はどうするの？」

できない理由をあれこれ見つけて断念する人がほとんどです。

この場合、「ハワイへ行きたい」というのは潜在意識からのメッセージと考えてもいいでしょう。「仕事があるから」「お金がないから」というのは顕在意識の働きです。多くの場合、顕在意識が勝つでしょう。潜在意識は、せっかくメッセージを送っているのに聞き入れてもらえないと、どんどんパワーダウンしてしまいます。

タマがバリ島へ行ったときも、気持ちは落ち込んでいるし、お金もありませんでしたから、もちろん行かないという選択もできました。

「行きたいのはやまやまだけど……」

あきらめるほうに傾いていました。もし、あのときに顕在意識に従っていたら、今のタマはありません。どうなっていただろうと、想像するだけでもぞっとします。

塩谷社長のひと言で「行く！」と決めました。すると、仕事への意欲が出てきて講座を再開することになり、旅行資金が用意できました。バリ島でシャーマンに会い、考え方がガラリと変わって、帰国したら、信じられない人生が待ち受けていました。

これが潜在意識の力です。顕在意識の１００万倍のパワーです。これを活用しない手はありません。

「ハワイへ行きたい」とふと思ったら、すぐには行けなくても、その準備をするだけでも違ってきます。パンフレットやネットで情報を集める。旅行会社に相談してみる。できない理由を脇に置き、できるだけ具体的に動いてみるのです。

そうすると、潜在意識は喜びます。何しろ、顕在意識の１００万倍の力です。実現するためのチャンスを次々に用意してくれます。

潜在意識のメッセージには必ず意味があります。

「ハワイへ行きたい」

そんなことを思った裏には、疲れているので少し休ませてあげたいという潜在意識の意志があるのかもしれません。タマのように、すごい人と出会ったり、人生の節目になるような出来事が待っていることもあるでしょう。何か「ふと」思ったことがあれば、気持ちをわくわくさせ、「やる！」と決めて、小さなことからでもいいので行動します。すると、思わぬ展開が待っているものです。

セルフヒプノセラピーを活用すれば、潜在意識とつながりやすくなり、よりたくさんのメッセージをもらえるようになります。

潜在意識に導かれてセレブの旅

２０１９年3月、タマは、秘書役の喜多村市子さんと一緒に、ロスにあるビバリーヒルズへ行きました。ビバリーヒルズ。だれもがこの名前は聞いたことがあると思います。世界のセレブたちが住んでいる超高級住宅地です。３泊４日の短い旅でしたが、夢のような毎日でした。映画「プリティ・ウーマン」の舞台となった「ビバリー・ウィルシャー・ビバリーヒルズ・ア・フォーシーズンズ・ホテル」というホテルに泊まりました。タマはこの映画が大好きで、あこがれのホテルでした。

超高級な地中海レストラン、超高級な医療エステ、何でも「超高級」がつきます。ビバリーヒルズ最高のレストランのお料理は、おいしいのはもちろんですが、まさに芸術品です。一つひとつの料理に物語《ストーリー》があって、見ているだけでもうっとりしますし、ひと口味わうたびに別世界へ連れて行かれたような錯覚に陥ります。

車で5時間、砂漠の中を走ってもらってラスベガスにも行きました。タマは賭け事を一切しませんが、砂漠の中の不夜城という雰囲気を目いっぱい楽しみました。「ザ・コスモポリタン・オブ・ラスベガス」というホテルの最上階のスイートルームに宿泊しました。ラスベガスのホテルにはベランダがないそうです。一夜にして全財産をすってしまい、世をはかなんで飛び降りる人がいるかもしれないから、という理由だそうです。でも、ここは超高層タワーマンションとして建設されたのに、完成後、ホテルになったということで、ちゃんとベランダがついていました。

ベランダへ出ると光の海。下のほうに有名な噴水が小さく見えました。そこでタマは何をしたか。タバコを一服。これが最高でした。ひいおばあちゃんやおじいちゃんはタバコが大好きでした。

「タマは、天国に近いこんな高いところでタバコを吸っているよ」

ご先祖さまと対話をしながら、タバコを楽しみました。

そうした貴重な体験をしたタマでしたが、それ以上に、「いい旅だったな」と思えることがたくさんありました。将来、人生を振り返ってみたとき、「大きな節目だった」と思えるような旅だったのではないでしょうか。

「最高の豊かさは、上も下も知って、どれが心地いいか自分で選べること」

タマはそう思っています。今回は、この世的には最高の世界のひとつを見てきました。数年前までタマはかなり下にいましたが、もっと下はいくらでもあるはずです。そうした下の世界もいずれは見ることになるだろうという予感があります。

タマが言いたいのは、旅行のことではなく、超高級のことでもなく、そのきっかけです。タマをビバリーヒルズに誘ってくれたのは、そこに15年も住んでいるお友だちです。もちろん、超お金持ちです。

「タマちゃん、アメリカへ来ない？」

彼女から電話がかかってきたとき、タマはバリ島にいました。のんびりいい気分でいましたので、アメリカと言われてもあまりピンときませんでした。でも、タマはこう決めています。

「お誘いがあったときには、行ける状態であれば行く」

損とか得ではなく、スケジュールさえ空いていれば「行きます」と返事をすることにしています。ちょうど、3月後半は空いていたので、その場でアメリカ行きを決めました。

自分が「ふと」感じることだけでなく、人から誘われるのも潜在意識の働きによる場合があります。ただ楽しむだけでなく、思ってもみないことが待っていたりするものです。誘われたらスケジュールさえ何とかなれば、動く。そうすると、潜在意識はとても喜んで、すてきなギフトをくれます。

顕在意識の１００万倍の力、ちょっぴり味わってください。

（第6章）

ウハネとウニヒピリ

ウハネは「お母さん」、ウニヒピリは「内なる小さな私」

「潜在意識のこと、もっと簡単に伝えられないかしら」

そのすごさはわかりました。でも、そんなこと関係なく生きている人がほとんどですから、「潜在意識はすごい」と言っても、なかなかピンと感じてくれません。

「もっとわかりやすくできる方法があったら教えてください」

いつも潜在意識に頼んでいました。そうしたら、すてきなヒントが届きました。

ハワイの民間信仰の「ホ・オポノポノ」という教えです。

古代のハワイ人は、目の前に現われる現実は潜在意識の記憶の投影……という考え方をしていました。ですから、現実をどうこうしようというのではなく、自分の内側の潜在意識を癒し、クリーニングすることで現実を変えればいい……と考えていたようです。

まず潜在意識のクリーニングです。

というのが「ホ・オポノポノ」の大切な教えで、その方法として4つの言葉を唱えるといいと言われています。

♡ごめんなさい

♡許してください

♡ありがとう
♡愛しています
この４つです。

これはとても大切なことだと思いますが、これはヒプノセラピーの考え方と同じです。

4つの言葉で潜在意識の記憶をクリーニングする。
ホ・オポノポノ
ごめんなさい
許してください
ありがとう
愛しています

「ホ・オポノポノ」のことを知って、タマが「これだ！」と思ったのは、顕在意識、潜在意識の呼び方でした。タマはビジュアルな人間で、イメージが湧くとものすごくやる気が出てきます。「顕在意識」「潜在意識」という言い方は、どこか学問的で、タマの頭は思うように働かないのです。

ウハネとウニヒピリ。

かわいいキャラクターとして描けるような言い方が好きなので、その点、「ホ・オポノポノ」に出てくる古代ハワイ語はタマの想像力をものすごく刺激してくれました。

顕在意識が「ウハネ」。

潜在意識が「ウニヒピリ」。

かわいいネーミングでしょう？

ウハネは「お母さん」、ウニヒピリは「内なる小さな私」という意味です。顕在意識をお母さん、潜在意識を内なる小さな私と言い換えるだけで、タマの頭の中でイメージがどんどん膨らみました。

自分の中にウハネとウニヒピリという二人がいます。親子と言っていいかもしれません。その親子が、あるときは仲良しだったり、しばらくすると喧嘩したり、自分の中で、さまざまなドラマを繰り広げているのです。ここからは、顕在意識を「ウハネ」、潜在意識を「ウニヒピリ」と言い換えます。

タマは、ウニヒピリのことはもっと親しみを込めて「ウニちゃん」と呼んでいます。

愛することは責めないこと

タマは講座で、「自分を愛する」ことがとても大切ですよとお話ししています。これは、タマが勝手に師匠と呼んでいる「宇宙一のヒプノセラピスト」ポール・マッシロートニーさん（https://youtu.be/t4nBHPxjJ8c）から教えてもらったことです。

「タマがこれから人に伝えていく中で、もっとも大切なことは何でしょうか？」

ポールさんに質問しました。

「自分を愛することです」と言われました。

「自分を愛するというのはどういうことですか？」

「自分を責めないことです」という答えが返ってきました。

そう聞くと、

人は無意識のうちに、自分のことを責めることがよくあります。だれかに注意されたわけではないのに、片付けができていない部屋や机の上を見て、だらしない自分を責めることはありませんか。会社で上司から注意をされたら、「やっぱり、私は何をやらせても満足にできない」と自分にきつく当たったり、他人と比べて、「あの人のようにすてきになれない。自分には魅力がない」と卑下することもあります。

街を歩いているとき、お店のショウウィンドーにあるきれいな洋服を見て、「私には似合わない」と勝手に決めつけてしまうことがありませんか。

タマは「魔法の教室」でこんな実習をします。

まず、何か自分を責めていることがあれば、ノートにそれを書きます。次に、どんな言い方で責めるのかも書きます。

ある女性は、毎朝鏡を見るたびに老けた自分を責めていました。鏡に映る自分を責める言葉は、

「ホウレイ線がくっきり出て、なんて醜い顔をしているの。老けたわね！」

別の女性は台所の片付けができない自分を責めていました。

「またやってしまった。片付けもできないまま寝てしまうなんて、何と情けない！」

どちらも強烈な責め言葉です。あんたはダメな人間だと決めつけているからです。こんな形で自分を責めている人はけっこうたくさんいるのではないでしょうか。

責める言葉をノートに書いたら、隣の人とペアを組み、向かい合って相手の顔を見ま

す。そして、その方がどういう日常を送っているか想像します。

「きっと、懸命に毎日を生きているんだろうな」

そういう気持ちになるかもしれません。

その人に向かって、さきほど自分がノートに書いた言葉を、日ごろ自分に言っているようなきつい口調で言ったらどんなことになるでしょう？

「なんて醜い顔をしているの」

「なんて情けない人なの！」

実際口に出す必要はありません。言おうとしたときの自分の気持ちを観察するのです。これにはみなさん、困ってしまいます。中には「そんなこと言えません」と泣き出す人もいます。そうです。言えないのです。さっき書いたあの責め言葉は、他人にはとても言えないほどひどいものなのです。それを、あなたはいつも自分にぶつけています。その言葉でどれだけ傷つくか、よくわかるはずです。

傷ついているのは「内なる小さな私」のウニヒピリです。

そのことに気づいたら、イメージの中で、ひざの上に自分のウニヒピリを抱っこしてあげてください。ウニヒピリは「内なる小さな私」ですから、幼いころの自分自身をイメージすればいいでしょう。いつもきついことを言われて元気をなくしています。めそめそ泣いているかもしれません。どうしてあげますか。一番いいのは、ぎゅっと抱きしめて、「ごねんね」「ありがとう」「大好きだよ」と言ってあげることです。

ウニヒピリはとても喜ぶはずです。ウニヒピリの喜びは自分の喜びです。

ウニヒピリを愛することが自分を愛することです。

自分が決めたこと

バリ島へ行く前、タマは人から裏切られ、そのショックで体調も悪くなり、外へ出ることもできなくなりました。収入が途絶えたので、借金を重ねました。すべて裏切った人たちのせいだと、その人たちを恨んでいました。ところがある日、大変な額の借金をあっという間に返済してしまった人の話を聞いて、幸せになりたければこういう考え方をしないといけないと背筋がピンと伸びました。

「どんなに納得のいかない理由があろうと、それでも、その借金を決めたのは自分だ。そのことを受け入れたとたんに借金を返せるようになった」

どんな借金であろうと、全責任はそれを決めた自分にあると、その人は腹をくくったのです。かっこいい！

「自分が決めたことに責任をもつ」

「だれのせいにもしない」

これは見習わないといけません。借金を返すための絶対の必殺技です。

「借金をした自分を責めるのはやめよう。世界一大好きなタマが、自分で決めて借りたお金だから、その行為を尊重して、とにかく大好きなタマがこれ以上困らないようにがんばって返済しよう」

そう決心しました。

「あと半年で全額返します」

タマはタマに約束しました。返せるメドなんてありません。でも、とにかく決めました。自分に約束しました。

すぐに変化が起こりました。「魔法の教室」が人気になって、たくさんの方が受講してくださるようになりました。６００万円の借金は半年もたたないうちに完済できました。おまけに借金の返済が終わったと思ったら、翌月から、月の売り上げが２０００万円にもなったのです。ほんのちょっと前まで泣きながら家に引きこもっていたタマがこんなふうになるとは、だれも想像できません。もちろん、タマだってこんなことになるとは思ってもみませんでした。でも実際に起こったことです。

「なぜそんなことが起こったのですか？」

よく聞かれます。

「自分を大切に扱ったことで、ウニヒピリがとても喜んでくれて、目いっぱい応援してくれたからです。みなさんも自分のことは大切にしましょうね」

とタマは答えています。

アイディアやインスピレーションが絶えず湧き上がってきて、それを実践すると、どんどんいい方向に進んでいきました。不可能だと思っていたことが次々に実現していったのです。ウニヒピリの力です。

自分を大切にすると、ウニヒピリが喜んでくれて、こういう奇跡的なことが起こってくるのです。

ウニヒピリの思いを実現するのがウハネ

人生に奇跡を起こす魔法の力をもっているのはウニヒピリです。ウニヒピリは本音で、感じるままに生きようとします。でも、ウニヒピリだけでは成功できません。タマがそうだったように、ウニヒピリばかりがんばっていると、世の中にうまく適応できなくなります。その状態が高じると、心を病んでしまったり、社会からドロップアウトしてしまう人も出てきます。

現実の波を乗り越えていくにはウハネの力が欠かせません。損得勘定はウハネの得意中の得意です。世の中の常識や社会通念に沿って生きる力をもっています。

私たちがウニヒピリの言うとおりに動くと決めたら、ウハネはそれに従って、「どうすれば実現するか」という現実面をサポートします。チケットを取ったり、現地に連絡をしたり、スケジュールを決めるのはウハネの仕事です。

ウハネのもっとも大切な役割は、ウニヒピリの思いをどうしたら実現できるかを考え、行動することです。ふとしたときに思い浮かぶアイディアやインスピレーションは、ウニヒピリからのメッセージです。大きなチャンスです。「そんなの無理」と決めつけないで、どうしたらそれを形にできるだろうかと考え、行動すると、面白いようにいいことが次々と起こります。自分が「やる」と決心すれば、ウニヒピリは全力で働いて方向性を決め、ウハネが具体的な方法を見つけ出すという仕組みになっているのだと思います。

「ほかの人のためなら一所懸命にやれるんですけどね」

と言う方はたくさんいます。それはそれで尊いことでしょうが、他人のために動くのと同じくらい自分のために動いたときに、ミラクルが起こります。

「みんなが自分のためにがんばればいいんだ」

タマはいつも言っています。一見、自分勝手な生き方に思えますが、自分のために動くというのは、自分がこの世に誕生した役割を果たすことではないでしょうか。自分の夢を叶えるということは、社会に貢献することに通じます。まわりの人を助けることにつながります。

自分のことは自分しかわかりません。一人ひとりが、ウニヒピリの声をしっかり聴いて、それを行動に移して、責任をもってなりたい自分になるべきだと、タマは思うのです。それがすばらしい社会を作る近道ではないでしょうか。

小さなことでもウニヒピリに感謝を

ウハネとウニヒピリの関係で大切なのは、ウハネがウニヒピリに寄り添ってあげることだと思います。

道を歩いているとき、ふと道端にかわいい花を見つけたとします。

「ひょっとしたらウニヒピリがきれいな花があるよと教えてくれているのかな」

そう考えてみるのがいいのでしょう。3秒でいいから、その花に意識を向けて、

「花を見せてくれてありがとう」

とウニヒピリにお礼を言います。ひょっとしたら、ウニヒピリは花を見せることで、疲れを癒してあげようと思ったのかもしれません。

そのことに感謝するだけで、ウニヒピリは大喜びします。それが、ウニヒピリに寄り添うということであり、ウハネとウニヒピリを統合させることだと思います。

そういう癖をつけていくと、いつの間にか自分の中に自信が芽生えてきます。それまではまわりの評価や反応にびくびくしていた人も、ウニヒピリに寄り添って生きていると、「だれに何と言われようが自分が感じたのだから大丈夫」と堂々としていられるようになります。自分の感覚に従って生きることができるようになるのです。それが「自分軸で生きる」ということだと思います。

タマは、どんなときも「本当はどうしたいの？」と自分のウニちゃんに聞くようにしています。すると、内側からインスピレーションとして答えが返ってきます。言葉ではなく感覚です。「ワクワク感」です。それも居ても立ってもいられないくらいのワクワク感だったら、まわりから何と言われようと、やるしかありません。タマの場合、そういうときには、ほぼ１００パーセント、うまくいきます。逆に、違和感がある場合には、どれだけ準備が進んでいても待ったをかけます。

普通の人は、月に25日働き、５日ほど休みます。

「その逆をやってみたらどうだろう？」

そんなことを「ふと」思いました。「ふと」はウニヒピリからのメッセージだと、タマは信じています。それにこのアイディアを思いついたとき、ものすごくワクワクしました。ワクワクだからうまくいかないはずがないと信じて、やり方を工夫しながら続けたら、月に25日の休みが実現したのです。

ワクワクするのはタマのウニヒピリです。それを形にしようと行動するのがウハネです。タマの場合、ウハネの働きは弱いので、それを「TEAM TAMA」のメンバーがサポートしてくれます。タマの苦手なスケジュール管理や会場の手配、お金の計算など、すべて仲間がやってくれるのです。これも、ウニヒピリが「タマだけには任せておけない」ということで手配してくれたのだと思っています。

ウニヒピリは、「こうすればうまくいく」というひらめきをくれたり、必要な情報を提供してくれたり、有力な人との縁を作ってくれたりといった応援をしてくれます。的確で、強力なサポートですから、あれよあれよという間に夢が実現してしまうのです。

「幸せに生きてほしい」は宇宙の願い

私たちは一人ひとり自分の現実を生きていて、同じものを見ても、何を感じるのか、人それぞれです。美しい夜空をみんなで見上げたとき、「きれいだなあ」と思う人もいれば、「お腹すいたなあ」と関係ないことを考える人もいます。心の中は、人によってまちまちなのです。

タマが「魔法の教室」で最近行なっている実習があります。次のようなイメージワークから始まります。

①あなたが大切だと思う人を思いうかべてください。
②その人が幼かったころをイメージしてください。
③もう少し時間を巻き戻して、その人が赤ちゃんのころをイメージしてください。その上で、その赤ちゃんを腕の中に抱っこしてみてください。
④赤ちゃんの重み、温もり、小さな手が動いている様子、柔らかい髪の毛、におい、目やくちびるの動きを想像してください。赤ちゃんの腕をゆっくりと動かしてください。

みなさん、腕の中に抱かれた赤ちゃんを愛しく感じています。その上で、次のような質問をします。

「その子にどんな人生を生きてほしいですか？」

「もし、その子が冷たい風に吹かれて寒くて凍えていたら、どうしてあげたいと思いま

ウニヒピリとウハネの関係

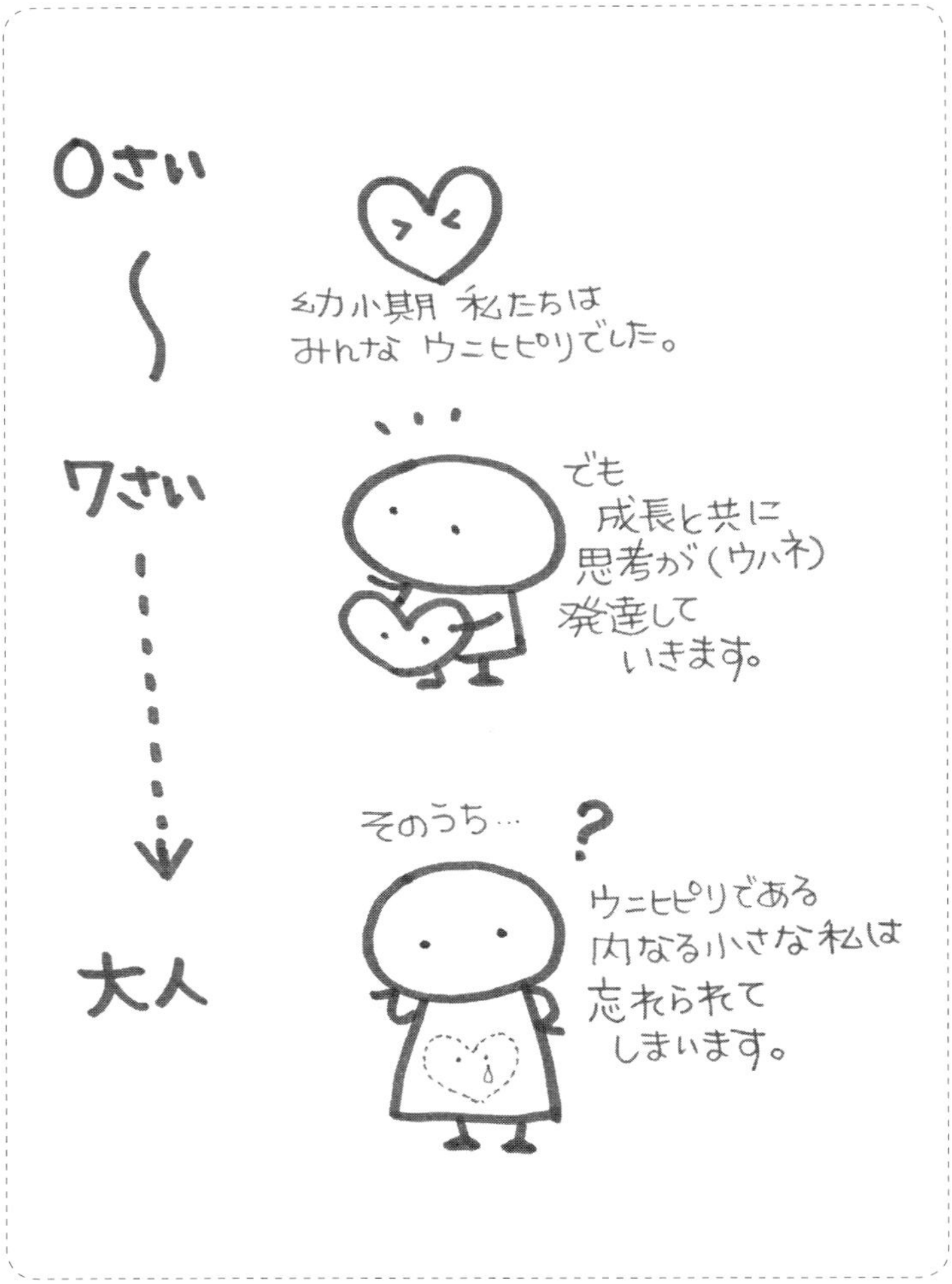

自分の心の声が分からない。
自分を
愛するという
ことが
どういうことなのか
分からなく
なってしまう。
でも、この本や魔法の教室で
お伝えしていることを知って
もらえれば…

きっと 本当の自分に
出逢えるはず。
tama.

すか?」

だれもが同じように答えます。
「幸せに生きてほしい」
「寒さから守ってあげたい」

同じものを見ても感じ方は十人十色なのに、この質問に関しては、何百人もの人が同じ答えを返してくれます。

どうしてでしょうか?

それが「宇宙の想い」だからだと、タマは思います。

母なる宇宙は、私たち一人ひとりに対して、すべての生命に対して、「幸せに生きてほしい」という気持ちでいてくれるのです。やさしく抱っこして、愛を注いで、寒ければ温かく、暑ければ涼しくしてくれます。

そんな「宇宙の想い」に抱かれて、私たちは生きています。不安や不満、不足、不信なんて必要ないのです。安らかで満ち足りた気持ちで宇宙を信じて、身を委ねればいいのです。そうすれば必ず、自分にとってもっといいところへ、宇宙は導いてくれるのだと思います。

委ねればうまくいく

自分に自信がもてないと、まわりをキョロキョロ見ながら、おどおどして生きないといけません。そういう自分でいると、ウニヒピリも喜びません。ウニヒピリのメッセージを聞き取ることもできないので、何事もうまくいきません。

絵を描くとき、以前のタマは万人受けするものを目指していました。目指すというより、そうしないと認めてもらえないと思い込んでいたのです。自分に自信がなかったからです。

今は、万人受けなど考えたこともありません。だれかに認めてもらおうというのではなく、自分が好きなものを、楽しんで、自由に描いています。

その結果、タマの絵が好きという人がどんどん増えました。他人からの評価におびえているタマはもういません。人に認められるためではなく、自分のために技術を伸ばしていく努力に変わりました。結果として、それが評価を高めることになったようです。

タマはコンプレックスの塊でした。自信なんてこれっぽっちもありませんでした。学歴がない、資格もない、結婚はバツがついているし、目をひくような美人でもない。育児も家事も、自慢できるようなレベルではない。ないないだらけのタマだったので、「そのままでもすばらしい」なんてとても思えませんでした。それでもタマは、自分を雑に扱うのはやめようと思いました。コンプレックスはあっても、ウニヒピリを大切にして、そのメッセージを聞きながら、毎日をていねいに生きようと決めました。

モグラと小鳥。ブルーベリー農園のお友だちのために描いたポスター。いつもモグラと小鳥に被害を受けているので、せめて客寄せに役立ってもらおうと。

タマが関心をもつべきは、世間の評価ではなく、ウニヒピリの声だとわかりました。ウニヒピリの言葉に耳を傾け、どうしたらそれが実現できるかに集中しました。そうしているうちに、徐々に世間の評価なんか気にならなくなってきました。
もともと幼いときのタマは、世間の評価なんて気にしていなかったじゃないか、と気づきました。そこに戻ればいいのです。精霊とお話をしていたころのタマです。大人の仮面を脱ぎ捨てよう。タマはタマのまま生きよう。そう考えると、心がすーっと楽になっていったのです。

タマがうたたねしているときに出てくるおじさん。

ウニヒピリの声を聞きながら、自分の価値で生きるようになって、大げさではなく、タマは宇宙を感じられるようになりました。子どものころ、「宇宙のお母さん」とお話をしていたことを思い出しました。

宇宙の流れには逆らえません。委ねるしかありません。委ねれば、すべてはうまくいきます。ウニヒピリの声を聞きながら宇宙に身を委ねる。安心して委ねたとき、「我《が》」が外れます。

ウニヒピリのイメージ。

「安心して、委ねて生きる」

「どんな自分でも愛する」

「感じることはすべて宝物だと知る」

そんな世界に身も心も投じたとき、神さまは力強く抱きしめてくれて応援してくれます。タマは、そう信じて生きています。

憧れのターシャさんと初女さん

タマが憧れているのが絵本作家のターシャ・テューダーさんです。２００８年に92歳でお亡くなりになりました。ターシャさんはボストンの裕福な家に生まれましたが、きらびやかな世界よりも、農場での生活に憧れました。絵本作家としても成功し、大きな農場で、花や野菜を育て、ヤギの乳をしぼり、オーブンでパンを焼き、洋服はぜんぶ自分で作りました。自給自足の生活でした。

手間暇を惜しまず、ていねいにていねいに生きました。その生き様は彼女が残した花が咲き誇る花畑から見て取れます。

「あなたはいいわね。こんな生き方ができて」

とうらやむ人がいると、彼女は、「じゃあ、なぜそうしないの？」と答えたそうです。

タマもそう思います。人のことをうらやましがっているだけでは何もできません。一歩踏み出す勇気が必要です。

彼女も自分軸で生きた人でした。離婚も経験し、４人の子どもを一人で育てました。映画にもなり、テレビでも紹介されました。

タマもあんなふうに生きたいと思っています。だから、そう生きられるよう、行動をしています。ターシャさんは、間違いなくウニヒピリに寄り添って生きてきた人です。すばらしい言葉をたくさん残してくれています。

「私は社会通念よりも自分の価値観に従って生きることを選びました」

タマの心にビンビンと響く言葉があります。

「一生は短いのよ。やりたくないことに時間を費やすなんて、もったいないわ」

そのとおり、そのとおり。タマは1万回くらいうなずきました。

もう一人、タマが目標にする人がいます。青森県弘前市の岩木山の麓に「森のイスキア」という癒しの場を作った佐藤初女《さとうはつめ》さんです。初女さんのもとへ、悩みを抱えた人がたくさん訪ねてきました。初女さんは、おむすびを作っておもてなしします。涙を流しながらそのおむすびを食べる人もいます。自殺をしようと思い詰めた人が、死ぬ前に初女さんに会いたいと訪ねてくることもあったようです。そういう人も、初女さんのおむすびを食べると生きる力が湧いてきて、自殺を思いとどまるのです。

初女さんのことを知ったのは、初女さんがこの世を去った後のことでした。初女さんは2016年に94歳で亡くなりました。

ある知り合いの男性がタマにこう言いました。

「タマちゃんは、いつか初女さんのような存在になるかもしれませんね。同じような空気を感じます」

そう言われて、タマは初女さんに親近感をもちました。初女さんから直接おむすびの結び方を教えてもらった知り合いがいたので、その人からレクチャーを受けました。たかがおむすびと思われるかもしれませんが、初女さんのおむすびはものすごく奥が深いのです。思いを込めたおむすびです。そこには初女さんの命が注がれている、とタマは思いました。だから奇跡のようなことが起こるのです。

初女さんもていねいに生きた方です。世間の常識よりも、自分の価値観を大切にしています。ウニヒピリに寄り添って生きていた方だとタマは感じました。

タマの地元の「柳生さくら祭り」のとき、タマは習ったばかりのおむすびを会場で結ばせてもらいました。壁に初女さんの写真を貼って、「初女さん、どうぞご指導ください」と手を合わせ、みなさんにおむすびをふるまったのですが、厨房でおむすびを結ぶタマに注目が集まったのは計算外のことでした。

今でも週に2〜3回、タマは柳生の里の子どもたちに初女さんのおむすびを結んでいます。みんな、大喜びです。初女さんのおむすびと言うにはおこがましいので、「タマむすび」で。

初女さんがおむすびを結ぶときのように、自分自身をていねいに扱ってあげれば、ぜったいに幸せになれます。

母を愛せないという悩み

「私は母を愛せません。愛されていなかったからです」という相談がよくきます。母親を愛せないという悩みを抱えた人はとても多いのです。

タマもそうでしたが、母親には完璧を求めてしまいがちです。でも、最初の子どもの場合、それまで子育てなどしたことがないのですから、初心者も初心者。何もわからないゼロからのスタートです。

初心者の母親に完璧な母親を求めても無理な話です。母はタマのことを一所懸命に愛していた。でも、初心者だからそれがうまく伝わらなかった。そう考えるようになって、タマは母のことを受け入れられるようになりました。

「幼少期、母からひどい仕打ちを受けていた。だから今の私は幸せになれないのです」

そんな悩みを抱えてヒプノセラピーを受けにこられる人がいます。

そんなときタマは、誘導をして幼いころに戻ってもらいます。そうすると、真実が見えてきます。ほとんどの場合、みなさん、お母さんが大好きで、お母さんのためなら何でもやろうという健気な子どもでした。でも子どもですから、お母さんの意に添わないこともやってしまいます。わがままも言います。お母さんはイラッとして、ときには手を上げたこともあったかもしれません。でも、心の傷になっているのはそのことではなく、お母さんの役に立てなかった、お母さんを助けてあげられなかったという自責の念である場合が多いのです。

お母さんの力にはなれなかった。でも、幼かった自分は一所懸命にお母さんを幸せにしたいと思っていた。その事実こそ大切なのだとタマは思います。

お母さんはかわいいわが子がそばにいるだけで幸せだったはずです。寝顔を見ていると、心がポカポカしてきたのではないでしょうか。何かをしても、しなくても、いたずらっ子でも、ただいるだけでお母さんを幸せにしていたということに気づけば、その人は幸せになれるのではないでしょうか。

「お母さんは幸せだった」

そうつぶやくと、ふっと心が軽くなるはずです。ウニヒピリは「内なる小さな私」です。あのとき、お母さんのために一所懸命にがんばっていたことを認めてもらえれば、それだけでうれしくなって、さらなる力を発揮してくれるはずです。

つらかったころの自分をいたわる

私たちはたくさんの人たちに支えられて生きてきたと言いました。これが横のつながりなら、縦のつながりもあります。縦というのは「過去の自分」「未来の自分」です。

潜在意識の中に存在する時間は、現在も過去も未来も同時に進行しているそうです。私たちは時間は過去から未来へ一方向に流れていると教えられ、そう感じていますので、同時に進行していると言われてもわかりにくいだろうと思います。タマも、この話を聞いたときにはさっぱりわかりませんでしたが、いろいろ考えて、タマなりの解釈をして活用しています。

「魔法の教室」へ来られる方たちは、みなさん未来の自分に興味をもっています。未来の自分が幸せに生きられるようにと、ウニヒピリのことを勉強します。潜在意識の本を読むと、「未来のすてきな自分をイメージしましょう。そうすればそんな未来が必ずやってきます」といったことが書かれています。それは間違いないと思います。

でも、そのときに、過去を切り捨ててしまってはいけないと思うのです。潜在意識の中では未来も過去も一緒に進行していますから、未来ばかりがピカピカ輝いていても、過去がどんよりと曇っていては、その人の人生はうまくいっているとは言えないのではないでしょうか。

「でも、過去は変えられない」

と言う人もいると思います。でも、潜在意識の中では過去は変えられる、とタマは信じています。ウニヒピリには無限の力がありますから。

一番つらかったときの自分、恥ずかしかった自分、みじめだった自分を思い出します。タマはお金がなかったときの自分を情けないと思ってきました。世間並みに生きられない自分をおかしいのではないか、といつも疑っていました。そんなときの自分を置き去りにして、未来に行っていいのだろうか、とタマは思いました。

もう一度、過去のもっともつらかったときの自分を思い出します。

どこで、どんなふうに過ごしていましたか？

何を感じて、何を望んでいましたか？

思い出すだけで胸が痛くなります。そのみじめな過去に、自分は永遠にみじめなままいないといけないのでしょうか。救い出す手立てはないのでしょうか。あのときの自分を助けるのは、今の自分しかないと思います。今の自分が迎えに行けばいいんだと、タマは気づきました。

イメージの中で一番つらかったときの自分に声をかけます。

「つらかったね。でも、あなたのおかげで、今の私があるよ。ありがとう。あなたを誇りに思っています。一緒に幸せな未来へ行きましょう。私が私を幸せにするから」

世界で一番の親友だと思って、イメージの中で過去の自分に寄り添います。ウニヒピリは時空を超えて、過去の自分に会わせてくれます。

つらく、悲しく、苦しかった過去の自分は、今の自分に声をかけられてどんな表情をするか、想像してみてください。最初は戸惑うかもしれません。でも、声をかけてくれているのが未来の自分だとわかれば、どんなにかうれしいでしょう。「よし」と思い切って一歩を踏み出す気持ちになってくれるかもしれません。

その手を握って、「一緒に未来へ行こう！」と約束してください。過去の自分をまわりの人が笑っても、今の自分はあのときにがんばっていたことに気づけば、情けなくて、みじめで、恥ずかしいあのときの自分でも誇りに思えるのではないでしょうか。輝かしい未来を作るには、なくてはならない存在だったのです。

お金がなくて、生活保護を受けて、督促状が山ほどきて、電気代も払えなくて、あのときのみじめなタマがいなければ、今のタマはありませんでした。

ねえねえ、今のタマを見て！　未来のタマを見て！　一緒に未来へ行こう。

タマは昔のタマにそう声をかけました。つらかったころのタマにも、幼いころの無邪気な笑顔が戻ってくるのがよくわかりました。

つらくて絶望しているとき、ひょんなことで勇気をもらって一歩を踏み出せたという体験はないでしょうか。もうダメだとあきらめかけていたら、ふと見上げた空に大きな虹がかかっていて、その虹が「大丈夫だよ」と言ってくれたような気がして、元気が出たことがあったかもしれません。落ち込んで泣きそうになっていたら、見知らぬ人から温かい声をかけられたこともあったでしょう。それは偶然ではないとタマは思います。未来の自分が時空を超えて、つらい思いをしている自分を応援してくれていたのではないでしょうか。

願いは口にすると叶いやすい

ウニヒピリと仲良くするとこんなことが起こってくるよという、タマの身に起こったうれしい現象をお話しします。

幸せになる最速の方法は何と言っても「行動すること」です。行動なんて荷が重いという人もいるでしょうが、歩き回ったり動くことだけが行動ではありません。「想いや望みを口にする」ことも行動です。そこから始めてみてはどうでしょう。それだけでもすごいことが起こってきます。

何年か前の年末のことです。人と会う約束をしていたタマは、早めに待ち合わせの場所についたので、近くにあったブティックに入りました。たくさんのコートが並んでいました。ぶらぶらと店内を歩いて商品を見ていると、タマが「最高に好き！」と思えるデザインのコートがありました。近づいて見ると、ますます好きになりました。気になるのは値段です。恐る恐る値札を見ました。７万円。年末からお正月にかけてお金が必要な時期です。そんなお金、とても工面できません。

タマはコートを見なかったことにして立ち去ろうとしました。すると、店員さんが声をかけてきました。

「ぜひ、ご試着してください」

迷いました。でも、袖を通すだけならと試着しました。着てみると、ますます欲しくなりました。でも買えない。７万円があったら、子どもたちにおいしいものを食べさせてあげられるし、お年玉もあげられるし……。店員さんにお礼を言ってお店を出たのですが、そんな自分が悲しくて涙がポロリ。

家へ帰ってからパパに冗談めかしてそのことを話しました。すると、意外な言葉がパパの口から出たのです。

「本当にほしいと思えるものとの出逢いは大切にしたほうがいいよ。正月、お金がなかったらお茶漬けで過ごしてもいいやん。そのコート買っておいでよ」

びっくりです。もともとアパレルで働いていたパパ。服へのこだわりはタマ以上です。本当に好きな服は手に入れるべきだという考えをもっています。

よかった。うれしい。でもちょっとびびるような金額です。

翌朝、オープンと同時に昨日の店へ。あのコートを買うぞと心に決めてレジに向かいました。すると試着をすすめてくれた店員さんがタマを見つけて、

「ああ、やっぱり買いに来てくださったのですね」

とうれしそうな声で話しかけてくれました。そして、「そんなこと！」とびっくりするようなことを告げたのです。

「今日で年内の営業は終了となります。年明けからはセールが始まります。昨日、お客さまがこのコートを羽織られたとき、もしかして明日、ご購入されるかもしれないと思ったので、本社に連絡をとって、もしお客さまが来店されたら、このコートを年明けのセール価格で販売してもいいかと確認をとりました。了解を得られたので、今日はセール価格４万円でご購入いただけます」

７万円のコートが４万円！

自分のために行動すると、必ずと言っていいほどミラクルが起こります。タマの場合、

コートがほしいという気持ちをパパに話したことがミラクルにつながりました。言っても仕方ないと黙っていたら、こういう展開にはならなかったでしょう。言葉にしただけでもウニヒピリが喜んでくれたのだと思います。やりたいことを素直に口に出したことに対するウニヒピリからのギフトだと受け止めました。やりたいこと、ほしいものがあれば、まず口に出してみてください。

未来の自分からのメッセージ

タマはすっかりバリ島に魅せられてしまい、何度も行きました。飛行機の席は当たり前のようにエコノミーでした。

あるとき、飛行機に乗り込んで自分の席に行こうとしたら、ビジネスクラスの席に座るおじさんが目に入りました。タマは「ビジネスクラスっていいな」と思いました。それまでまったく気にならなかったビジネスクラスの席が急に気になったのです。

タマは「これは、未来の自分からのメッセージに違いない」と考えました。未来の自分がこの席に座っていて、「快適だよ」と教えてくれているのだと。

「よし、これは実現する」

でも、値段はかなり高くなるはずです。これはウニヒピリの法則を使うしかありません。願いを叶えるためには、今の状況の中で自分ができることは何かと考えて行動する……それが大切です。

タマは旅行会社に電話をして、ビジネスクラスの値段を聞きました。とにかく情報だけを仕入れようとしました。こうやって自分のために動くと、ウニヒピリは喜んでくれます。何もしないで「できない」「無理」とあきらめてしまうと、ウニヒピリはがっかりします。

さて、どんなことが起こったのか？　これもびっくりです。

しばらくして旅行会社から返事がありました。

タマが以前予約したのに、天候の関係でキャンセルとなったチケットがある、と言っていますす。すっかり忘れていました。その返済金でビジネスクラスの運賃がまかなえると言うのです。

「えっ？」

何かが起こるとは思っていましたが、こんなことになるとは。タマは絶句していました。

タマは旅行会社へ電話をしただけです。何の努力もしていません。苦労なんてまるでなし。それなのにこんなことが起こるのです。これもウニヒピリからのギフトだと思います。タマは初めてビジネスクラスでバリに行きました。快適でした。過去の自分に、「こんなにビジネスクラスはすてきよ」ときちんとメッセージを送りました。過去のタマは、きっとビジネスクラスに座るおじさんを見て、「ああいいな」と思っていたのでしょう。そうなのです、時空を超えて過去や未来の自分にメッセージを送ることができる、とタマは実体験から知ることができました。

ちょっと動くことで願いが叶うことはよくあります。ウニヒピリを知れば知るほど、そうした不思議現象が起こるようになりました。今ではもう不思議などとは思わなくなりました。ウニヒピリが力を発揮すれば、何だって可能になってしまいます。確信となりました。

ウニヒピリに会いに行く

小さいときの自分と対話する

タマの部屋の壁には小さいころのタマの写真が貼ってあって、タマはいつもお話をしています。ウニヒピリは「内なる小さな私」ですから、小さいころの自分をイメージするには、これが一番です。生後すぐのタマ。7、8カ月ごろのタマが澄んだ目でこちらを見つめています。その子は確かにそこにいて、さまざまな思いで生きていました。た

７～８カ月のころ、ママと。

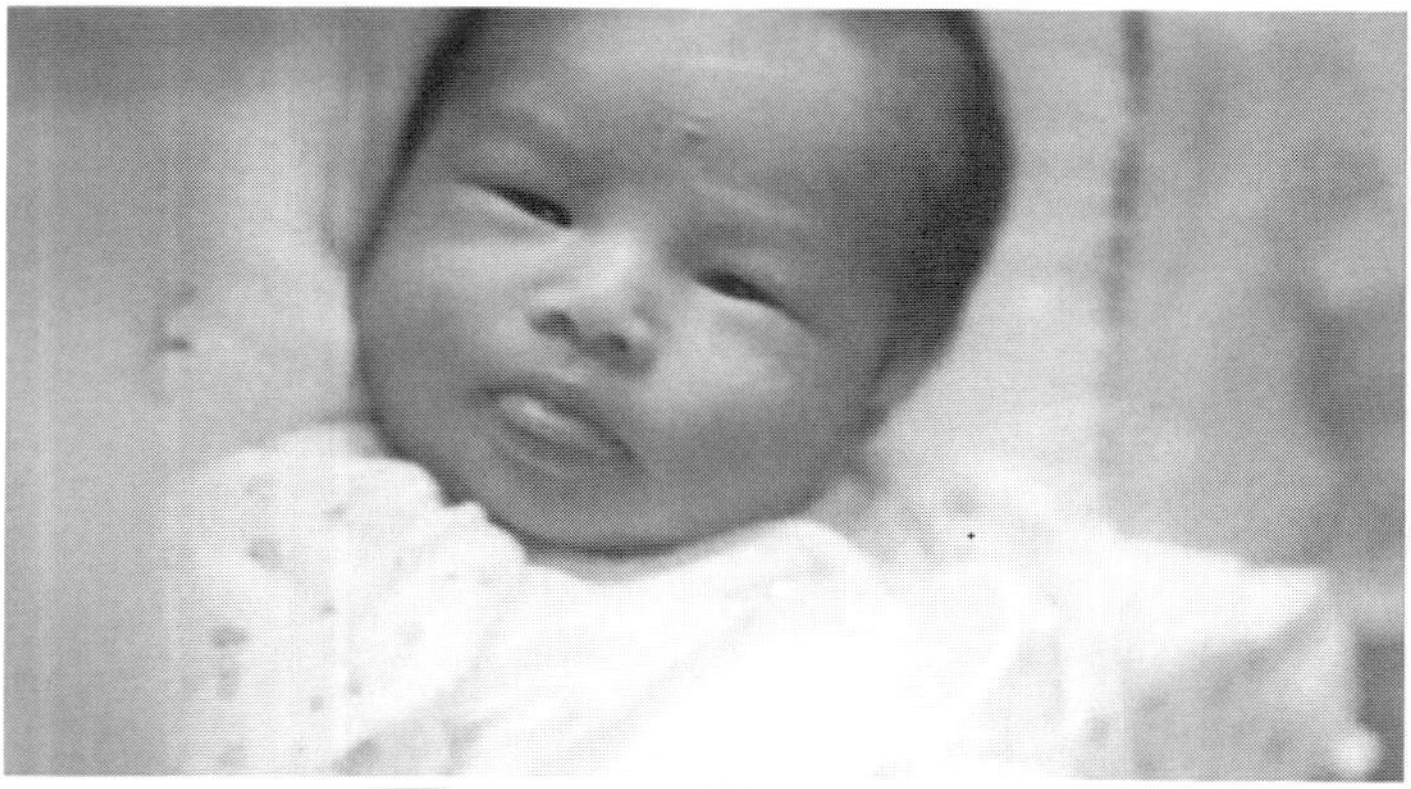

生まれて一カ月ぐらいのタマ。

ぶん大人になったタマよりも、もっとたくさんのことを知っていたはずです。幼いころのタマの写真と対話をすることで、ウニヒピリともっと親密になれます。

もうひとつ、知り合いのおじさんから、ちょっと印象的なお話を聞きました。

3番目の娘さんが生後8カ月ぐらいのことです。この子はハイハイでみんなのいる居間にやってきて、ひとしきりワアワア声を上げると、決まったように、書棚の下に這って行き、必ずある本に触ったそうです。ブルーのカバーの梅原猛の本。漱石全集やほかの本には目もくれず、決まってその本でした。なぜこの本なんだろうと、ご両親は不思議がっていました。梅原さんが何かのメッセージを発信していたのか、その本

ハイハイしていつも同じ本を目ざしていた子（写真Ｙ氏提供）。

のテーマがチビさんに何かを訴えていたのか……。ウニちゃんが何かを感じて、何かをしたかったのです。ご両親がそういうことはちゃんと覚えていることに、タマはとても感動するのです。ウニちゃんを大事にしてるな……って。

ではこんなウニヒピリに会いに行くには、どうしたらいいのでしょうか。

ウニヒピリと仲良くなり、ウニヒピリのメッセージを敏感に感じ取れるようになると、すばらしい人生になります。人は本来幸せに生きられるようにできています。しかし、あまりに頭で考えすぎて、「内なる小さな私」であるウニヒピリの声が聴けないために、幸せではない方向に向かってしまうのです。

ウニヒピリの声を聴き、幸せに生きるにはどうしたらいいか。タマが考えている方法を紹介します。

日ごろからウニヒピリに声をかける

タマは、楽しいことがあったらウニヒピリに声をかけます。

「今日、こんなことがあって、すごく楽しかった」

あるいは、自分を責めたりすると、「ごめん。またやっちゃった。ごめん」と謝ります。

悔しいことがあると、

「悔しい！　今日は一緒においしいもの食べに行こうね」

そうやっていつも声をかけていると、ウニヒピリは一緒になって喜んでくれたり、悔しがってくれたりします。１００万倍のパワーで応援してくれます。

「不」の世界からバイバイする

最悪のときのタマは、「不安」「不満」「不足」「不信」の中で生きていました。将来のことを心配したり、まわりと比べて自分の現実に不満をもったり、それではいけないと思ったり、失敗したら大変だと躊躇したりしていました。

そんな状態だと脳はリラックスできず、ウニヒピリとのつながりは絶たれてしまいます。「不安」「不満」「不足」「不信」から「不」をとって、安心、満足、足りていること、信じていることで、ウニヒピリと仲良くなりました。

「私なんか……」と思わない

「私なんか……」と思うのは、決して謙虚な生き方ではないと思います。どんな人もたくさんのご先祖さまがいて、両親に命をもらい、まわりの人に支えてもらって今にいたっています。人はだれでも多くの人の想いに囲まれて生まれました。そんな自分に価値がないはずがありません。なのに「私なんか……」と思うのは、「傲慢《ごうまん》」だとタマは思うのです。

「自分はすばらしい」と認めて、「それはたくさんの人のおかげです」と感謝する。そんな気持ちで生きると、ウニヒピリはとても喜んでくれます。

遊び心をもつ

ウニヒピリと仲良くなってから、自分のまわりにあるものがみんなおもちゃに見えてきました。

「血圧が高くて、毎日血圧を測定しないといけない。それが憂うつで……」

そんな悩みを抱えた方がいました。

タマは血圧計を借りて細工をしました。それで解決。憂うつがなくなったばかりではなく、血圧も正常になってしまいました。

何をしたか。

血圧計に「NINTENDO」とマジックで書いた名前シールを貼っただけです。ゲーム機だと思って血圧を測れば、毎日の血圧測定が楽しくなるものです。

「怒り」や「痛み」もメッセージ

「怒り」も「痛み」もないほうがうれしいと思ってしまいます。でも、こういうネガティブな状況ほど、ウニヒピリの声を聴くチャンスです。「怒り」を感じたら、ウニヒピリが怒っている状態です。特に、その人がウニヒピリを大切に扱ってないとき。怒りが湧き上がってきたら、心に手を当てて考えてみます。

自分を責めたり、「私なんか……」と思ったりしなかっただろうか。思い当たることがあるはずです。そうしたら、ウニヒピリに謝ってください。気持ちがおさまっていくはずです。

痛みも同じです。嫌がるばかりではなく、

「ひょっとしたら、ウニちゃんは私を休ませてくれようとしているのかな」

と考えてみます。そして、痛みがあるときは、素直に、早めに家へ帰って休みます。

「ウニちゃん、ありがとうね」

ひと言かけると、ウニヒピリはとても喜びます。

心の声が聴けないときは

「ウニヒピリの声が聴こえないんですが、どうしたらいいですか」

よく聞かれます。

「自分が感じていることを口に出すといいよ」

タマはそう答えています。

何か食べておいしいと思ったら、「おいしい」と小さな声でいいので言葉にします。そうすると脳が「おいしい」という感情を認識します。するとウニヒピリとの距離も近くなります。

意図して決める

ハワイに行きたいと思ったら、「ハワイへ行く」と決めてください。「行きたい」だけではダメ。「行く」と決めるとエネルギーが集まってきて、それが実現する方向に動き始めます。そもそも「こんなことがしたい」と思うこと自体が、ウニヒピリの意志です。ウニヒピリの意志を尊重して、「する」と決める。そうすれば、うまくいきます。ウニヒピリも喜んで応援してくれます。

妥協しない

タマは、日ごろから、できるだけ妥協しないようにしています。たとえば、ある特定ブランドのシャンプーがほしいと思っているのに近くのお店にそれがなかったら、少し離れていても、別の店へ行って探します。それくらいの気持ちがないと、ウニヒピリを喜ばせることはできないからです。小さなことでも、「本当にそうしたいのか?」と自分に問う癖をつけるといいと思います。

「ノー」と言う勇気をもつ

やりたいことをやるのと同じ程度に、やりたくないことには「ノー」と言うようにしています。ウニヒピリは「違和感」という形で、やりたくないことを伝えてきます。違和感を感じたら、ためらわずに「ノー」と言います。その勇気をもったことで、タマはエネルギーを集中できるようになりました。

タマはどこへ向かうのでしょう

まだまだタマは発展途上人です。これからどうなっていくのかなと思うとワクワクします。

ビバリーヒルズでセレブ体験をしたことは書きました。この旅が大きな節目になると思ったのは、自分の役割が少しは見えてきた気がしたからです。

タマは初めて知ったのですが、この高級住宅地に住む８割はユダヤ人だそうです。

「ユダヤ人」

タマの心がざわつきます。

ヒプノの誘導で前世の自分に会いに行ったことも述べましたが、あのときはタマはユダヤ人の女の子でした。ナチスドイツの迫害でつらい思いをしています。

さらに「鞍馬寺」。タマの母親が「赤ちゃんを授けてください」と叫んだところです。タマは鞍馬寺で授かった子です。

つい最近、生まれてはじめて鞍馬寺へ行ってきました。山門をくぐるや豪雨となって、びしょ濡れになりながら、母が叫んだ奥の院まで行きました。もちろんその途中、本殿にも寄りました。本殿の前の石畳に大きな模様が描かれていました。願い事がある人はこの模様の上で叫ぶのだそうです。

その模様が、「六芒星」だったのです。六芒星と言えば、ユダヤ民族のシンボルではないですか。

鞍馬山というと天狗です。「天狗はユダヤ人」という説があることを知ってタマはびっくりです。昔々、エジプトを脱出したユダヤ人の一部が日本に来ているという話もあるそうです。

天狗でもうひとつ。タマの住んでいる柳生の里には「一刀石《いっとうせき》」という7メートル四方くらいの大きな石があって、真ん中から刀で切ったように真っ二つに割れています。柳生石舟斎が天狗と戦って一刀のもとに切り捨てたら、天狗は姿を消し、二つに割れた巨岩だけが残ったという伝説があります。

タマにはよくわかりませんが、タマの周囲では「ユダヤ人」「六芒星」がうごめいているようです。このことをある人に話したら、

「タマはきっと、ユダヤや六芒星に関係のあるところに呼ばれるよ」

と予言されました。イスラエルとかエジプトとか、そんなところに呼ばれるのでしょうか。すべてお任せしていますので、声がかかったら喜んで出かけて行こうと思っています。

どうやらタマは宇宙人のようです。遠い宇宙からやってきて、地球でいろんなことを学んでいる最中です。できるだけたくさんのものを見て、いっぱい体験したいと願っています。豊かさの最高峰であるビバリーヒルズの次は、世界一貧しいところに行くことになるかもしれません。

これからどんなタマになるのでしょうか。先はまったく見えませんが、どんなときで

もタマらしく生きていこうと思います。

この本を読んでくださった皆様とも、どこかでお会いできるのを楽しみにしています。

（おわりに）

自分の生きたいように生きる

タマは宇宙人です。人間というちょっと不便な生き物を体験するために地球にやってきました。タマの魂が肉体というボディスーツを着て、ほかの惑星ではできないような日々を送っています。まるで海外へ行った人が、初めて体験する風習や食べ物にウキウキしているようなものです。

でも、地球の重力に押しつぶされそうになったことがありました。地球にはややこしい常識があって、その常識に従って生きないとまわりから浮いてしまって、不快な思いをたくさんしなければなりません。精霊とお話ができるなんて、宇宙では当たり前なのに、地球ではアウトです。

パパと結婚して子どもが生まれてから、タマは世間並みに生きないといけないという思い込みに苦しめられました。タマは宇宙標準ですから、世間並みに生きられるはずがありません。思い込みというのは怖いもので、どんどん自分を追いつめていきました。せっかく地球を体験中なのに、面白くも楽しくもありませんでした。地球人ってこんな気持ちで生きているのかなと、ちょっとかわいそうに思いました。

パパが、あんなつまらないタマと結婚したつもりはなかった、と言うくらいタマは重症でした。

おかげさまで、タマはそんな状態から抜け出して、今は「ああ、これがタマなんだ」とうれしい毎日です。タマは、いつまでも子どものころのタマと一緒に地球を冒険していこうと思っています。タマの冒険は、どんな遊びよりも楽しいと自信があります。だから、たくさんの人がタマと一緒に冒険してほしいと願っています。

「これが私なんだ！」と思い込み、そんな自分が大好きになれば、怖いものなんてなくなります。願いだって夢だって、簡単に叶ってしまいます。

この本から、そんなことを感じ取っていただけると、タマはうれしいです。

最後に、タマがみなさんに魔法の力を味方にするにはこうしたらいいよということをお伝えして終わりにします。

まず「夢を叶える、幸せになる」と決めることです。

今がどんな状況であっても、そう決めてください。
その上で、次のことを実践します。
①まわりからたくさんの愛を与えられていることに気づき、感謝してください。
②ウハネとウニヒピリの関係を知って、ウニヒピリが喜ぶ生き方をしてください。
③イメージの力を使ってください。セルフヒプノセラピーを覚えることをおすすめします。
④小さいことでもいいので、あきらめずにトライし続けてください。感じたとおりに行動することで、ウニヒピリは喜んでくれます。
⑤この宇宙と自分を信頼してください。宇宙はいつもあなたのことを大事に思ってくれています。何よりも大切なのは「自分を愛すること」です。
自分を大切にして、自分の生きたいように生きる。
それが幸せへの一番の近道です。

いつもタマを支えてくれているパパや子どもたち、秘書役として子どものようなタマのお世話をしてくれている喜多村市子さん、「TEAM TAMA」の仲間たち、タマに勇気をくれた方々、柳生の里の人たち、タマを出版社に紹介してくれた渡辺道子さん、娘のように大切にしてくださる風雲舎の山平松生さん、ライターの小原田泰久さん。そして、何より鞍馬寺で叫んでくれたお母さん。タマをこの地球に降ろしてくれてありがとうございます。たくさんの方々のご協力でこの本ができました。

心からお礼申し上げます。

この本を手にとってくださった大切なあなたへ。

幸せに生きてください。タマより。

奥田珠紀（おくだ・たまき）

1974年12月17日 奈良県生駒市生まれ。幼少期、「宇宙のお母さん」や精霊、動物や物と対話する“宇宙人のような子”。小・中・高、世間の常識や規則になじめず、美術のみ「５」。ほかは“赤点王”。高卒後、介護を含む福祉の仕事にようやく「生きている自分」を見出す。24歳で初婚（25歳で離婚）。男性恐怖症を乗りこえて30歳現夫と再婚。4児の母。二人の障がい児と向き合い賢母を目指すも、“本来の自分ではない生き方”に違和感。自分を取り戻す道しるべとなったのが「潜在意識」と「自分を愛すること」だった。その後ヒプノセラピストへ。自分と同様、多くの人が本来の自分に帰る道を探していることに気づき、その体験と知識をもとに2017年、自分らしく、幸せになるための方法を伝える「魔法の教室」を開講。受講生は３千名を越す。

（奥田珠紀オフィシャルページ）

https://www.okuda-tamaki.com

宇宙人《うちゅうじん》タマの「魔法《まほう》の教室《きょうしつ》」

初刷　２０１９年６月３日
２刷　２０１９年６月15日

著者　奥《おく》田《だ》珠《たま》紀《き》

発行人　山平松生

発行所　株式会社　風雲舎

〒162-0805　東京都新宿区矢来町１２２　矢来第二ビル
電話　〇三-三二六九-一五一五（代）
ＦＡＸ　〇三-三二六九-一六〇六
振替　〇〇一六〇-一-七二七七七六
URL　http://www.fuun-sha.co.jp/
E-mail　mail@fuun-sha.co.jp

ＤＴＰ　中井正裕
印刷　真生印刷株式会社
製本　株式会社　難波製本

ISBN978-4-938939-95-3

風雲舎の本

遺稿 淡々と生きる

――人生のシナリオは決まっているから

小林正観

「ああ、自分はまだまだだった……」。天皇が元旦に祈る言葉、正岡子規が病床で発した言葉は、死と向き合う著者に衝撃だった。そこから「友人の病苦を肩代わりする」という新境地に達した著者の最後の言葉。

四六判並製◎［本体1429円＋税］

毎日ときめいていますか？

――「いのちが躍動している」それが一番の健康です。

帯津良一（帯津三敬病院名誉院長）

朝から酒を飲む、タバコを一服する、好きな人に思いを馳せる――生き生き、ホカホカして、いのちが弾んでいる。数値なんてどうでもいいのです。

四六判並製◎［本体1400円＋税］

遺伝子スイッチ・オンの奇跡

「ありがとう」を10万回唱えたらガンが消えました！

工藤房美（余命一ヵ月と告げられた主婦）

「きみはガンだよ」と、著者は宣告されました。進行が速く手術はムリ。放射線治療、抗ガン剤治療を受けますが、肺と肝臓に転移が見つかり、とうとう「余命1ヵ月です」と告げられます。著者はどうしたか……？

四六判並製◎［本体1400円＋税］

いま目覚めゆくあなたへ

――本当の自分、本当の幸せに出会うとき

マイケル・A・シンガー（著）／菅靖彦・伊藤由里（訳）

ラナハ・マハルシは、内的な自由を得たければ、「わたしは誰か？」と自問しなければならないと言った。「あなたは誰か？」。さあ、あなたは何と答えるだろうか？　心のガラクタを捨てて、人生、すっきり楽になる本。

四六判並製◎［本体1600円＋税］

サレンダー（自分を明け渡し、人生の流れに身を任せる）

THE SURRENDER EXPERIMENT

マイケル・A・シンガー（著）／菅 靖彦（訳）

世俗的なこととスピリチュアルなことを分ける考えが消えた。流れに任せると、人生は一人でに花開いた。

四六判並製◎［本体2000円＋税］

この素晴らしき「気」の世界

――気と繋がる、あなたは今を超える

清水義久（語り）
山崎佐弓（聞き書き）

気を読み、気を動かし、事象を変える。気の向こうに精霊が舞い降りる、新進気功家の「気」の世界。

四六判並製◎［本体1600円＋税］

ほら起きて！ 目醒まし時計が鳴ってるよ

（スピリチュアル・カウンセラー）並木良和

そろそろ「本当の自分」を思い出そう。宇宙意識そのものの自分を。

四六判並製◎［本体1600円＋税］

よかった、脳梗塞からの回復！

――脳血管を若返らせ血行を良くする「金澤点滴療法」

金澤武道（脳血管内科医）

回復率83％。あきらめないでください、この療法で、多くの人が救われています。

四六判並製◎［本体1500円＋税］